utb 6368

Eine Arbeitsgemeinschaft der Verlage

Brill | Schöningh – Fink · Paderborn
Brill | Vandenhoeck & Ruprecht · Göttingen – Böhlau · Wien · Köln
Verlag Barbara Budrich · Opladen · Toronto
facultas · Wien
Haupt Verlag · Bern
Verlag Julius Klinkhardt · Bad Heilbrunn
Mohr Siebeck · Tübingen
Narr Francke Attempto Verlag – expert verlag · Tübingen
Psychiatrie Verlag · Köln
Psychosozial-Verlag · Gießen
Ernst Reinhardt Verlag · München
transcript Verlag · Bielefeld
Verlag Eugen Ulmer · Stuttgart
UVK Verlag · München
Waxmann · Münster · New York
wbv Publikation · Bielefeld
Wochenschau Verlag · Frankfurt am Main

Roman Simschek ist Fach- und Lehrbuchautor sowie Unternehmensberater und Dozent. Er lehrt an mehreren Bildungseinrichtungen im In- und Ausland wie beispielsweise an der Universität Alcala in Madrid in deutscher Sprache. Seine Schwerpunkte sind Unternehmensorganisation und Organisationsprozesse – insbesondere der Einsatz von KI zur Steigerung des Erfolgs in Organisationen.

Dominik Danz ist der Geschäftsführer von Scaily, einer führenden Digital Marketing Agency, die sich auf den Einsatz von KI im Marketing spezialisiert hat. Mit seiner Expertise unterstützt er Startups und mittelständische Unternehmen in Deutschland, Österreich und der Schweiz dabei, ihre Marketingstrategien zu optimieren und schneller Ergebnisse zu erzielen.

Roman Simschek / Dominik Danz

KI-Herausforderungen für Unternehmen

Prozesse, Geschäftsmodelle, Verantwortung

Umschlagabbildung: guvendemir iStockphoto

Bibliografische Information der Deutschen Nationalbibliothek
Die Deutsche Nationalbibliothek verzeichnet diese Publikation in der Deutschen Nationalbibliografie; detaillierte bibliografische Daten sind im Internet über http://dnb.dnb.de abrufbar.

DOI: https://doi.org/10.36198/9783838563688

© UVK Verlag 2025
– Ein Unternehmen der Narr Francke Attempto Verlag GmbH + Co. KG
Dischingerweg 5 · D-72070 Tübingen

Das Werk einschließlich aller seiner Teile ist urheberrechtlich geschützt. Jede Verwertung außerhalb der engen Grenzen des Urheberrechtsgesetzes ist ohne Zustimmung des Verlages unzulässig und strafbar. Das gilt insbesondere für Vervielfältigungen, Übersetzungen, Mikroverfilmungen und die Einspeicherung und Verarbeitung in elektronischen Systemen.

Alle Informationen in diesem Buch wurden mit großer Sorgfalt erstellt. Fehler können dennoch nicht völlig ausgeschlossen werden. Weder Verlag noch Autor:innen oder Herausgeber:innen übernehmen deshalb eine Gewährleistung für die Korrektheit des Inhaltes und haften nicht für fehlerhafte Angaben und deren Folgen. Diese Publikation enthält gegebenenfalls Links zu externen Inhalten Dritter, auf die weder Verlag noch Autor:innen oder Herausgeber:innen Einfluss haben. Für die Inhalte der verlinkten Seiten sind stets die jeweiligen Anbieter oder Betreibenden der Seiten verantwortlich.

Internet: www.narr.de
eMail: info@narr.de

Einbandgestaltung: siegel konzeption | gestaltung
Druck: Elanders Waiblingen GmbH

utb-Nr. 6368
ISBN 978-3-8252-6368-3 (Print)
ISBN 978-3-8385-6368-8 (ePDF)
ISBN 978-3-8463-6368-3 (ePub)

Inhalt

Vorwort 7

1 Warum KI die größte Herausforderung dieses Jahrhunderts ist . 9
   1.1 Einleitung und Überblick 9
   1.2 Neue Geschäftsmodelle und Innovation durch KI 11
   1.3 Revolutionierung von Arbeitsprozessen durch KI 14
   1.4 Unternehmerische Verantwortung beim Einsatz von KI .. 18

2 Was ist KI? – Grundlagen der Künstlichen Intelligenz 23
   2.1 Definition und Zielsetzung 23
   2.2 Geschichte der KI 28
   2.3 Aufbau und Funktionsweise von KI-Systemen 32
   2.4 Typen von Künstlicher Intelligenz 35
   2.5 Machine Learning und Deep Learning 39
   2.6 Vorteile und Chancen von KI 44

3 Wie Geschäftsmodelle von KI verändert werden 49
   3.1 Erste Ansatzpunkte 49
   3.2 Die Rolle der KI bei der Transformation von Geschäftsmodellen 52
   3.3 Datenbasierte Geschäftsmodelle und neue Wertschöpfungsketten 57
   3.4 Personalisierung und Individualisierung als Wettbewerbsvorteil 62
   3.5 Automatisierung und Effizienzsteigerung in den Wertschöpfungsketten 69
   3.6 Neue Marktchancen und branchenübergreifende Innovation 73
   3.7 Zukunftsperspektiven: Geschäftsprozesse in einer KI-getriebenen Welt 79

4	Wie Prozesse in Unternehmen durch KI beeinflusst werden	85
	4.1 Grundlegende Überlegungen	85
	4.2 KI als Treiber für Prozessinnovation und Prozesseffizienz	89
	4.3 Automatisierung und Effizienzsteigerung durch KI	95
	4.4 Verbesserte Entscheidungsfindung durch KI	100
	4.5 Personalisierung und Kundenorientierung in Prozessen	107
	4.6 KI-gestützte Innovation und Prozessneugestaltung	113
	4.7 Zukunftsperspektiven: Geschäftsprozesse in einer KI-getriebenen Welt	122
5	Welche Verantwortung Unternehmer beim Einsatz von KI tragen	129
	5.1 Die Herausforderung	129
	5.2 Datenschutz und Datensicherheit	131
	5.3 Regulatorischer Druck und Haftungsfragen	134
	5.4 Ethische Fragen der KI-Nutzung	138
6	Wie man KI erfolgreich in Unternehmen einsetzen kann	145
	6.1 Der Game Changer	145
	6.2 Strategische Integration von KI in Unternehmenszielen	146
	6.3 Aufbau der notwendigen Infrastruktur und Kompetenzen	150
	6.4 Datenmanagement als Schlüssel zum Erfolg	155
	6.5 Change Management und kulturelle Transformation	161
	6.6 Messung und Operationalisierung des KI Einsatzes	166

Schlussbemerkung 175

Literatur und Quellen 177
   Wissenschaftliche Publikationen und Fachbücher 177
   Technische Dokumentationen und White Papers 177
   KI-Anwendungsbeispiele und Case Studies 177
   Strategiepapiere und Trendanalysen 178
   Inspirationen aus Fachmedien und Social Media 178
   Strategien und Berichte aus Unternehmen 178

Register 179

Vorwort

Viele Menschen verstehen noch gar nicht, vor welchem revolutionären Schritt wir stehen. Es ist mehr als alles, was wir bisher im Wirtschaftsleben erlebt haben. Wenn wir zurückschauen, dann gab es vier wesentliche Innovationen, die das Business weltweit maßgeblich beeinflusst haben. Die wichtigsten Erfindungen waren die Dampfmaschine, das Automobil, das Internet und nun die KI. All diese Innovationen haben Geschäftsmodelle grundlegend verändert, diskutiert und in eine neue Richtung bewegt.

Was sind die strukturellen Änderungen, die hieraus folgten? Die Geschwindigkeit in den jeweiligen wirtschaftlichen Bereichen hat zugenommen. Mit der Dampfmaschine konnte schneller produziert werden. Mit dem Automobil konnte schneller transportiert werden. Mit dem Internet konnte schneller kommuniziert werden. Und jetzt, mit KI, kann intellektuelle Arbeit schneller erledigt werden.

Bei KI ist es so, dass kreative und digital repetitive Arbeiten, die zuvor Tage oder Wochen benötigten, innerhalb weniger Minuten oder Sekunden abgeschlossen werden können. Hinzu kommt ein weiterer Aspekt: KI erreicht eine Zuverlässigkeit und Qualität, die vom menschlichen Gehirn nicht übertroffen werden kann.

KI wird enorme Auswirkungen auf Geschäftsmodelle haben. Es wird Geschäftsmodelle geben, die durch KI vollständig ersetzt werden. Andere Geschäftsmodelle werden sich verändern oder gänzlich neu entstehen. Jedes Unternehmen sollte sich daher Gedanken darüber machen, wie KI sein Geschäftsmodell beeinflusst. Aus unternehmerischer Perspektive ist es notwendig, KI einzusetzen, um Prozesse schneller und zuverlässiger zu gestalten. Langfristig werden nur die Unternehmen bestehen, die KI dort einsetzen, wo es sinnvoll ist. Andernfalls wird der Wettbewerb, der sich diese neue Technologie zunutze macht, schneller und effizienter sein – der Tod für alle Unternehmen, die keine oder zu wenig KI einsetzen.

Zu guter Letzt müssen sich Unternehmen auch fragen, was der Einsatz von KI für ihre unternehmerische Verantwortung bedeutet. KI ist ein Gamechanger, wie es einst die Dampfmaschine, das Automobil und das Internet waren. Wer diese Veränderung früh erkennt und für sich nutzt, wird zu den Gewinnern gehören. Wer jedoch zu lange wartet, wird langfristig vom Markt verschwinden.

Dieses Buch soll Ihnen Hinweise darauf geben, welche Auswirkungen KI auf Geschäftsmodelle, Prozesse und auch auf Ihre unternehmerische Verantwortung hat. Früher hätte das Erstellen eines Buchs Monate, wenn nicht Jahre, gedauert. Wie KI auch die Erstellung dieses Buchs beeinflusst hat, können Sie in den Schlussbemerkungen nachlesen.

Nutzen Sie die Chance, KI als Möglichkeit zur Weiterentwicklung zu sehen.

An dieser Stelle wollen wir Kathrin Glembin danken, die mit großer Motivation und Fleiß geholfen hat, die Texte dieses Manuskripts in die richtige Form zu bringen.

In diesem Sinne, Ihre
Roman Simschek und Dominik Danz

1 Warum KI die größte Herausforderung dieses Jahrhunderts ist

1.1 Einleitung und Überblick

Künstliche Intelligenz – kaum ein Begriff hat in den letzten Jahren so viel Aufmerksamkeit erhalten und die öffentliche Diskussion geprägt. Dabei ist die Idee von intelligenten Maschinen keineswegs neu. Bereits in den 1950er Jahren begannen Wissenschaftler damit, das menschliche Denken auf Computer zu übertragen. Über Jahrzehnte blieb KI jedoch ein Nischenthema – bis vor einigen Jahren mehrere Durchbrüche zusammenkamen und eine rasante Entwicklung anstießen.

Heute ist KI allgegenwärtig – ob in Form von Sprachassistenten in unseren Smartphones, Empfehlungsalgorithmen auf Online-Plattformen oder lernfähigen Industrierobotern. Und dies ist erst der Anfang. Experten sind sich einig: KI wird in den kommenden Jahrzehnten nahezu alle Bereiche unseres Lebens durchdringen und massiv verändern – allen voran die Wirtschaft und Arbeitswelt.

Doch was genau macht KI so revolutionär? Und warum gilt sie als die womöglich größte Herausforderung unserer Zeit? Um diese Fragen zu beantworten, hilft ein Blick auf die einzigartigen Fähigkeiten von KI:

- Erstens kann KI riesige Datenmengen in kürzester Zeit verarbeiten und darin Muster und Zusammenhänge erkennen, die dem menschlichen Auge verborgen bleiben. Dieses "Data-Mining" ermöglicht völlig neue Erkenntnisse und bildet den Treibstoff für Innovation.
- Zweitens sind KI-Systeme in der Lage, eigenständig aus Erfahrungen zu lernen und sich kontinuierlich selbst zu verbessern. Während klassische Computerprogramme starr und regelbasiert agieren, passen sich intelligente Algorithmen flexibel an neue Situationen an. Sie können Aufgaben optimieren, Prozesse automatisieren und komplexe Probleme lösen – teils besser und schneller als Menschen.
- Drittens eröffnet KI durch ihre analytischen und kognitiven Fähigkeiten ein schier endloses Anwendungsspektrum. Von der medizinischen Diagnose über die Vorhersage von Konsumentenverhalten bis hin zu autonomen Fahrzeugen und der Simulation komplexer Systeme – KI birgt das Potential, ganze Branchen zu revolutionieren.

All diese Aspekte zusammen machen KI so mächtig und disruptiv. Sie hat das Zeug, unsere Welt in einem Ausmaß umzukrempeln, wie es zuletzt die Digitalisierung oder davor die industrielle Revolution taten. Unternehmen eröffnet KI große Chancen – für neue Geschäftsmodelle, effizientere Prozesse und datengetriebene Entscheidungen. Gleichzeitig stellt sie etablierte Strukturen und Branchen radikal in Frage. Der Wandel wird tiefgreifend sein und viele Menschen vor große Herausforderungen stellen.

Im Kern lässt sich die transformative Wucht der KI an drei Dimensionen festmachen, die wir uns nun Schritt für Schritt anschauen werden:

1. KI als Treiber für neue datenbasierte Geschäftsmodelle und branchenübergreifende Innovation. Hier verdrängt KI zunehmend menschliche Intelligenz als Quelle für neues Wissen und Lösungen.
2. KI als Auslöser und Beschleuniger eines massiven Strukturwandels der Arbeitswelt. Hier verändert KI grundlegend, wie wir arbeiten, welche Tätigkeiten wir ausüben und welche Skills gefordert sind.
3. KI als Technologie, die völlig neue ethische und regulatorische Fragen aufwirft und Unternehmen mit großen Verantwortlichkeiten konfrontiert. Hier geht es um Vertrauen, Haftung, Fairness und die schwierige Balance zwischen Chancen und Risiken.

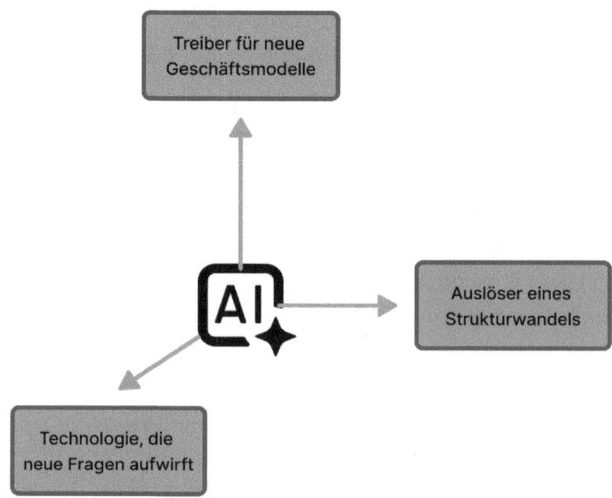

Abb. 1: Die transformative Wucht der KI in drei Dimensionen

Diese drei Dimensionen sind eng miteinander verwoben und potenzieren sich in ihrer Wirkung. Sie bilden die Achsen eines fundamentalen Paradigmenwechsels, den Unternehmen über alle Branchen und Größen hinweg meistern müssen. Wer die Zeichen der Zeit nicht erkennt und sich dem Wandel verschließt, wird über kurz oder lang vom Markt gefegt. Umgekehrt eröffnen sich denjenigen Unternehmen enorme Chancen, die die Möglichkeiten der KI für sich zu nutzen wissen.

> Unser Ziel in diesem Buch ist es, Ihnen als Entscheider und Gestalter das nötige Rüstzeug an die Hand zu geben, um die Herausforderungen der KI anzunehmen und zu meistern. Lassen Sie uns also eintauchen in diese drei Dimensionen und gemeinsam verstehen, wie KI unsere Wirtschaft und Unternehmen revolutioniert, welche Potentiale sie birgt und was es braucht, um sie erfolgreich zu implementieren.

1.2 Neue Geschäftsmodelle und Innovation durch KI

Daten sind der Rohstoff der Zukunft – und KI ist Werkzeug und Katalysator, um aus diesem Rohstoff Wert zu schöpfen. War es früher vorrangig menschliche Kreativität und Expertise, die Innovationen hervorbrachte, übernimmt heute immer häufiger KI diese Rolle. Durch die Fähigkeit, riesige Datenmengen in Rekordgeschwindigkeit zu analysieren und daraus Muster und Erkenntnisse abzuleiten, treibt KI Forschung und Entwicklung in völlig neue Sphären.

> Betrachten wir als **Beispiel** die **Pharmaindustrie**: Bislang dauerte es oft mehr als ein Jahrzehnt, um einen neuen Wirkstoff von der Entdeckung bis zur Marktreife zu bringen – ein komplexer, enorm kostspieliger Prozess. Moderne KI-Algorithmen hingegen können binnen Monaten Milliarden potenzieller Wirkstoffkandidaten durchforsten, deren molekulare Struktur und Wechselwirkungen simulieren und so vielversprechende Substanzen identifizieren. Was früher Jahre mühsamer Laborarbeit erforderte, erledigt KI in Bruchteilen der Zeit – eine Revolution für Forschung und Pharmabranche.

Ähnlich verhält es sich in praktisch allen Wirtschaftszweigen: KI ermöglicht Erkenntnisse und Problemlösungen, die zuvor undenkbar schienen. Einige Beispiele:

- Im Einzelhandel erlaubt es die KI-gestützte Analyse von Kaufverhalten, Kundenströmen und Warenwirtschaft, das Sortiment zu optimieren, Abverkäufe zu prognostizieren und Marketing-Aktivitäten gezielt zu steuern. Resultat sind höhere Margen und Kundenzufriedenheit.
- Im Maschinenbau ermöglichen KI-basierte Simulationen und "digitale Zwillinge" die Entwicklung und Erprobung neuer Produkte komplett am Rechner. Time-to-Market und Herstellungskosten sinken drastisch.
- In der Finanzbranche treiben KI-gestützte Analyse- und Handelssysteme die Automatisierung voran. Algorithmische Modelle ersetzen menschliche Analysten und versprechen bessere Renditen.
- In der Medizin eröffnet KI ganz neue Möglichkeiten der Diagnose und Therapie. Bildgebende Verfahren wie MRT oder CT wertet KI aus und erkennt kleinste Anomalien, die Ärzten bislang entgingen. Präzisionsmedizin, zugeschnitten auf das individuelle Erbgut, wird greifbar.
- In der Landwirtschaft kombiniert KI Wetterdaten, Bodenbeschaffenheit und Nutzpflanzen-Genome, um den Einsatz von Dünger und Pestiziden zu minimieren und Ernteerträge zu optimieren. Ressourcen lassen sich so effizienter und nachhaltiger einsetzen.

Dies sind nur einige Beispiele dafür, wie KI Innovation befeuert und ganze Branchen umwälzt. Doch KI verändert nicht nur Produkte und Dienstleistungen. Sie schafft auch die Basis für völlig neue, datengetriebene Geschäftsmodelle, die alteingesessene Industrien bedrohen.

> Ein anschauliches **Beispiel** dafür ist die **Automobilbranche**: Jahrzehntelang drehte sich hier alles um den Verkauf von Fahrzeugen – je mehr Autos, desto besser. Nun jedoch ermöglicht KI Mobilitätskonzepte, die ganz ohne eigenes Fahrzeug auskommen. Selbstfahrende Autos, intelligent gelenkt und ausgelastet durch KI, könnten schon bald Flotten bilden, die auf Abruf zur Verfügung stehen. Statt des einmaligen Autoverkaufs generieren die Hersteller dann kontinuierliche Umsätze aus Mobilitätsservices – vom Transporteur zum Serviceanbieter. Schon heute experimentieren Firmen wie Uber mit solchen Modellen und stellen die Branche auf den Kopf.

1.2 Neue Geschäftsmodelle und Innovation durch KI

Noch disruptiver könnten die Auswirkungen in anderen Bereichen sein. Man denke etwa an den Bankensektor, der durch FinTechs und digitale Vermögensverwalter unter Druck gerät. Oder an die Versicherungsbranche, wo datenbasierte Risikomodelle und "Pay-as-you-live"-Policen das traditionelle Solidarprinzip aushebeln. Die Liste ließe sich beliebig fortsetzen.

Das Ergebnis ist oft das gleiche: KI-getriebene Unternehmen dringen mit maßgeschneiderten, dynamisch optimierten Angeboten in Märkte ein und entwerten die Geschäftsmodelle etablierter Player. Was zählt, sind nicht mehr Größe und Geschichte, sondern Agilität und Datenkompetenz. Die Folge ist eine schöpferische Zerstörung nie dagewesenen Ausmaßes. Ganze Wertschöpfungsketten ordnen sich neu – rund um Daten und KI als Kern.

Um in dieser datengetriebenen Ökonomie zu bestehen, müssen Unternehmen KI in ihr strategisches Zentrum rücken. Es gilt, durch intelligente Analyse und Nutzung von Daten Mehrwerte zu schaffen – für Kunden, das Unternehmen selbst und im Idealfall die gesamte Wertschöpfungskette und Gesellschaft. Dies setzt ein radikales Umdenken voraus – weg von linearen, rigiden Strukturen hin zu flexiblen, KI-basierten Entscheidungsprozessen. Nur wer seine Datenschätze konsequent hebt, intelligent verknüpft und in Innovationen übersetzt, wird langfristig wettbewerbsfähig bleiben.

Es ist eine gewaltige Aufgabe, die viele Unternehmen vor große Hürden stellt – technisch wie kulturell. Gefragt sind der Aufbau von KI-Expertise, die Entwicklung skalierbarer Dateninfrastrukturen, die Einbettung von KI in Prozesse und Methoden sowie die Etablierung einer Innovationskultur, die Experimente und schnelles Lernen fördert. Viele Firmen stehen hier noch ganz am Anfang.

> Fest steht: KI ist zum entscheidenden Faktor für unternehmerischen Erfolg geworden. Sie ist Geburtshelfer und Basis neuer Geschäftsmodelle, die Märkte radikal verändern.

Wer sich die Innovationskraft von KI nicht erschließt, hat kaum Chancen im Wettbewerb von morgen. Die Musik spielt immer weniger im Verkauf von Produkten und Dienstleistungen, sondern im intelligenten Umgang mit den dahinterliegenden Daten. KI wird zum ultimativen "Superpower" – für disruptive Startups ebenso wie für weitsichtige etablierte Unternehmen.

Die wesentlichen Lerninhalte sind hier nochmals zusammengefasst:

- *Die Analyse riesiger Datenmengen und das Erkennen von Mustern treibt KI Innovationen in Forschung und Entwicklung voran.*
- *KI ermöglicht in Bereichen wie Einzelhandel, Maschinenbau, Finanzbranche und Landwirtschaft gezielte Optimierungen durch datenbasierte Prognosen und Simulationen.*
- *KI verändert traditionelle Branchen, indem sie datenbasierte Wertschöpfung fördert, wie bei Mobilitätsdiensten oder FinTech-Unternehmen.*
- *KI-gesteuerte Unternehmen verdrängen durch maßgeschneiderte Angebote und datenbasierte Optimierung etablierte Marktteilnehmer.*
- *Unternehmen müssen KI als strategisches Zentrum ihrer Geschäftsmodelle betrachten, um langfristig wettbewerbsfähig zu bleiben.*
- *Der Einsatz von KI erfordert Investitionen in Expertise, Infrastruktur und Innovationskultur, bietet jedoch immense Potenziale für Wettbewerbsvorteile.*

1.3 Revolutionierung von Arbeitsprozessen durch KI

KI verändert nicht nur, was Unternehmen anbieten – sondern auch, wie sie arbeiten und produzieren. Wissensarbeit, Dienstleistungen, Fertigung – es gibt kaum einen Bereich, der nicht gerade eine fundamentale Neudefinition erfährt. Im Kern geht es um die intelligente Automatisierung von Aufgaben, die früher menschliches Zutun erforderten.

Die Auswirkungen sind bereits heute vielfältig sichtbar:

- In der Fertigung übernehmen intelligente Roboter immer anspruchsvollere Aufgaben. Sie montieren, messen, prüfen – zunehmend auch abseits starrer Fließbänder. KI-Algorithmen steuern die Produktionsabläufe in Echtzeit, reagieren auf Störungen und optimieren Durchsatz und Qualität.
- In der Logistik plant und optimiert KI Warenströme über komplexe Lieferketten hinweg. Vom Hochregal-Lager bis zum automatisierten Versandzentrum – KI koordiniert Menschen, Maschinen und Prozesse nahtlos und minimiert Leerläufe.

- Im Kundenservice beantworten KI-gestützte Chatbots und Sprachdialogsysteme immer komplexere Anfragen. Sie sind rund um die Uhr verfügbar, lernen permanent dazu und werden in vielen Bereichen schon als gleichwertig mit menschlichen Beratern empfunden.
- In der Verwaltung und im Backoffice automatisiert KI repetitive Bürotätigkeiten wie Dateneingabe, Dokumentenanalyse und Stammdatenpflege. Durch Robotic Process Automation (RPA) in Kombination mit KI-fähiger Software übernehmen digitale Kollegen immer mehr Routineaufgaben.
- In wissensintensiven Bereichen wie Forschung, Produktentwicklung oder Beratung wird KI zum unentbehrlichen Assistenzsystem. Sie erschließt riesige Informationsbestände, erkennt Zusammenhänge, generiert Hypothesen und Lösungsvorschläge – und erweitert so die kognitiven Fähigkeiten ihrer menschlichen Kollegen.

Diese Liste ließe sich fast beliebig fortsetzen. Bei Predictive Maintenance, Qualitätssicherung, Buchhaltung, Personalwesen – überall hält KI Einzug und automatisiert Prozesse, die oft jahrzehntelang unveränderlich schienen.

Im Hintergrund wirken dabei mehrere Entwicklungen zusammen: immer leistungsfähigere Hardware, neue Analyseverfahren wie Deep Learning, fallende Datenübertragungskosten und die Verfügbarkeit gigantischer Datenschätze als Trainingsgrundlage. Entscheidend sind aber auch Fortschritte bei der Sensorik, die es KI-Systemen erlauben, ihre Umgebung zu erfassen und mit der physischen Welt zu interagieren. So entstehen cyber-physische Systeme, die komplexe Aufgaben autonom meistern – vom fahrerlosen Transportsystem bis zur selbst optimierenden Fertigungsstraße.

Für Unternehmen eröffnen sich dadurch enorme Potenziale. Studien gehen davon aus, dass die KI-basierte Automatisierung die Produktivität in manchen Bereichen um 20 bis 50 % steigern kann. Arbeitsschritte, die früher viel Zeit und Personal banden, erledigt die KI nebenbei. Expertenwissen lässt sich skalieren und rund um die Uhr verfügbar machen. Die Folge sind massive Kosteneinsparungen und Qualitätssprünge.

Doch der Wandel hat auch seine Schattenseiten. Da KI immer mehr kognitive Tätigkeiten übernimmt – vom Banker bis zum Buchhalter – drohen viele klassische Jobprofile zu verschwinden. Ganze Berufsgruppen könnten durch Algorithmen und Roboter ersetzt werden. Eine oft zitierte Studie der Universität Oxford kommt zu dem Schluss, dass bis zu 47 % aller heutigen Jobs langfristig durch KI und Automatisierung gefährdet sind – mit drastischen Folgen für Arbeitnehmer und Gesellschaft.

Hinzu kommt: Die KI-getriebene Effizienzsteigerung erhöht den Druck auf die verbliebenen Beschäftigten. Wo die Maschine das Tempo vorgibt, bleibt immer weniger Raum für menschliche Auszeiten oder Kreativität. Der Stress am Arbeitsplatz dürfte vielerorts weiter steigen.

Gleichzeitig aber schafft KI auch völlig neue Jobs und Tätigkeitsfelder. Experten für Machine Learning, Data Science und KI-Entwicklung werden händeringend gesucht. In der Mensch-Maschine-Interaktion, etwa bei der Überwachung und Wartung von KI-Systemen, entstehen neue Aufgaben. Und wo KI repetitive Tätigkeiten abnimmt, bleibt mehr Raum für kreative, strategische und soziale Fähigkeiten. Empathie, Urteilsvermögen, laterales Denken – all jene menschlichen Stärken, die sich nur schwer automatisieren lassen, dürften künftig noch gefragter sein.

Damit zeichnet sich ein tiefgreifender Strukturwandel der Arbeitswelt ab. Alte Jobprofile erodieren, neue entstehen, die Grenzen zwischen Branchen und Disziplinen verschwimmen. An die Stelle klar abgesteckter Berufsbilder treten fluide "Skill-Cluster" – Bündel von Fähigkeiten und Wissen, die sich flexibel an neue Anforderungen anpassen.

> Statt lebenslanger Jobgarantien gibt es lebenslange Lernkurven. Der Druck zur Weiterqualifikation und Neuerfindung wächst.

Für Arbeitnehmer bedeutet das eine gewaltige Umstellung. Laut einer Studie des World Economic Forums werden 2022 mehr als 50 % aller Beschäftigten signifikante Umschulungen oder Weiterbildungen benötigen. Gefragt sind Offenheit, Anpassungsfähigkeit, digitales Grundverständnis – und die Bereitschaft, sich immer wieder auf Neues einzulassen. Die Devise lautet: Reskilling und Upskilling, ein Leben lang.

Auch für Unternehmen birgt der Wandel große Herausforderungen. Es gilt, Mitarbeiter mitzunehmen, für neue Aufgaben zu qualifizieren und eine Unternehmenskultur zu schaffen, die lebenslanges Lernen fördert und wertschätzt. Gleichzeitig braucht es neue Formen der Arbeitsorganisation und -verteilung, die eine sinnvolle Aufgabenteilung zwischen Mensch und Maschine ermöglichen. Führungskräfte sind als Vermittler, Motivatoren und Befähiger gefragt.

1.3 Revolutionierung von Arbeitsprozessen durch KI

Ein bloßes "Weiter so" kann es angesichts des rasanten Tempos der Veränderungen nicht geben. Zu groß ist die Gefahr, den Anschluss zu verlieren und im War for Talents zu unterliegen. Unternehmen müssen die KI-Transformation der Arbeit aktiv gestalten – technisch, organisatorisch, kulturell. Gefragt sind strategische Weitsicht, Agilität und eine positive Vision für die Zukunft.

Eines ist klar: Der Arbeitsmarkt wird sich fundamental wandeln. Doch wie diese Transformation vonstatten geht und wie ihre sozialen Folgen abgefedert werden, liegt in unserer Hand. Mit der richtigen Vorbereitung, Bildung und Regulierung kann es gelingen, die Produktivitätsgewinne der KI in bessere Arbeit, mehr Wohlstand und gesellschaftlichen Fortschritt zu übersetzen. Ein bedingungsloses Grundeinkommen oder eine drastische Verkürzung der Arbeitszeit könnten dabei ebenso eine Rolle spielen wie neue Formen der sozialen Absicherung.

Was es dafür braucht, ist vor allem eines: Gemeinsames, vorausschauendes Handeln aller Akteure – Unternehmen, Politik, Wissenschaft, Gewerkschaften, Zivilgesellschaft. Nur wenn wir den Wandel der Arbeitswelt proaktiv und im Dialog gestalten, können wir die Risiken minimieren und die Chancen nutzen. Dies setzt jedoch ein Bewusstsein für die Tragweite und die ethischen Implikationen von KI voraus. Und damit sind wir bei der dritten großen Herausforderung, um die es im nächsten Abschnitt geht.

Die wesentlichen Lerninhalte sind hier nochmals zusammengefasst:

- *KI ermöglicht die Automatisierung von anspruchsvollen Tätigkeiten in Fertigung, Logistik und Verwaltung, wodurch Prozesse effizienter und flexibler werden.*
- *KI koordiniert komplexe Lieferketten nahtlos, minimiert Leerläufe und optimiert Warenströme.*
- *Kundensupport durch KI mit Chatbots und Sprachsystemen beantwortet komplexe Anfragen und bieten rund um die Uhr Unterstützung.*

1.4 Unternehmerische Verantwortung beim Einsatz von KI

Je mächtiger KI wird, desto drängender stellen sich ethische und gesellschaftliche Fragen. Denn eines ist klar: Algorithmen sind nicht neutral. Sie sind das Produkt von Design-Entscheidungen, Auswahl von Trainingsdaten und der Optimierung auf bestimmte Zielgrößen. In jeden KI-Algorithmus fließen – gewollt oder ungewollt – die Werte, Annahmen und möglichen Vorurteile seiner Entwickler mit ein.

> Oft mit problematischen Folgen: So stellte sich zum **Beispiel** heraus, dass eine KI zur Bewertung der **Rückfallwahrscheinlichkeit von Straftätern** in den USA – eingesetzt für Gerichtsentscheidungen über Kaution und Strafmaß – schwarze Angeklagte bei gleichen Vorstrafen und Risikofaktoren deutlich schlechter einstufte als weiße. Der Grund waren Trainingsdaten, die historisch gewachsene Vorurteile und Ungleichheiten widerspiegelten. Die Konsequenz: Algorithmic Bias – die systematische Benachteiligung bestimmter Gruppen durch KI.

Solche Beispiele zeigen: KI ist eine Technologie, die unsere Welt in vielen sensiblen Bereichen prägt – von der Strafverfolgung über die Kreditvergabe bis hin zur medizinischen Diagnose oder Personalauswahl. Umso wichtiger ist es, dass ihr Einsatz ethisch reflektiert und gesellschaftlich eingebettet erfolgt. Andernfalls drohen Diskriminierung, Intransparenz und eine Aushöhlung unserer Werte.

Für Unternehmen bedeutet dies eine große Verantwortung. Als treibende Kraft hinter der Entwicklung von KI und deren Anwendung in der Praxis sind sie in der Pflicht, sich aktiv für eine vertrauenswürdige und gemeinwohlorientierte KI einzusetzen. Dies beginnt bei der sorgfältigen Auswahl und Aufbereitung von Trainingsdaten, die möglichst frei von Verzerrungen und repräsentativ sein müssen. Es setzt sich fort im Design von KI-Systemen, deren Entscheidungslogik nachvollziehbar und erklärbar sein muss – Stichwort "Explainable AI". Und es endet bei einer lückenlosen Dokumentation und kontinuierlichen Überwachung des KI-Einsatzes im Hinblick auf unbeabsichtigte Folgen und Drift-Effekte.

Hinzu kommt die Frage der Haftung und Rechenschaftspflicht. Wer trägt die Verantwortung, wenn KI-Systeme Schäden verursachen, diskriminieren oder Fehlentscheidungen treffen? Der Entwickler, der Anwender, der

Gesetzgeber? Angesichts der Komplexität moderner KI-Systeme ist diese Frage alles andere als trivial. Es braucht neue Ansätze der Risikobewertung, Zertifizierung und Versicherung, um Vertrauen und Rechtssicherheit zu schaffen.

Ebenso wichtig ist Transparenz gegenüber allen Stakeholdern. Kunden, Mitarbeiter und die Öffentlichkeit haben ein Recht zu erfahren, wo und wie Unternehmen KI einsetzen und welche Vorkehrungen sie treffen, um Risiken zu minimieren. Nur durch proaktive Kommunikation und den Dialog mit der Gesellschaft lässt sich die nötige Akzeptanz und Legitimität für den KI-Einsatz gewinnen. Verschleierung oder Schönfärberei sind der falsche Weg.

All dies erfordert ein fundamentales Umdenken. KI darf nicht als rein technische Angelegenheit betrachtet werden, sondern muss als Querschnittsaufgabe im ganzen Unternehmen verankert sein.

> Es braucht interdisziplinäre Teams aus IT-Experten, Fachleuten, Ethikern und Sozialwissenschaftlern, die eng zusammenarbeiten. Es braucht klare Werte und Leitlinien für den verantwortungsvollen Umgang mit KI, die auf höchster Führungsebene definiert und vorgelebt werden.

Und es braucht Weiterbildung und Sensibilisierung, um Mitarbeiter aller Ebenen zu befähigen, die ethischen Dimensionen von KI zu verstehen und im Arbeitsalltag zu berücksichtigen.

Zugleich müssen Unternehmen auch über die eigenen Grenzen hinaus denken. Als wichtige Akteure der Gesellschaft tragen sie Mitverantwortung für eine gemeinwohlorientierte Gestaltung des digitalen Wandels. Dies kann etwa bedeuten, sich zusammen mit Politik, Wissenschaft und Zivilgesellschaft für klare rechtliche Rahmenbedingungen und Standards für vertrauenswürdige KI einzusetzen. Oder durch Forschungspartnerschaften, Datenteilung und Open-Source-Initiativen dazu beizutragen, dass die Potenziale von KI breit und inklusiv genutzt werden können – auch jenseits kommerzieller Verwertungsinteressen.

Es geht, kurz gesagt, um nicht weniger als eine neue **Ethik** der digitalen Ökonomie. Eine Ethik, die den Menschen in den Mittelpunkt stellt und KI als Werkzeug zur Lösung großer gesellschaftlicher Herausforderungen begreift – von Klimawandel über Gesundheitsversorgung bis hin zur Bekämpfung von Armut und Ungleichheit. Eine Ethik, die auf Transparenz,

Rechenschaftspflicht und Partizipation setzt. Und die anerkennt, dass nachhaltiger wirtschaftlicher Erfolg im digitalen Zeitalter nur im Einklang mit gesellschaftlichen Werten und Interessen möglich ist.

> Kurz: Es braucht eine neue Form der **Corporate Digital Responsibility**.

Unternehmen, die diese Verantwortung annehmen und proaktiv wahrnehmen, werden nicht nur Vertrauen und Reputation gewinnen. Sie werden auch jene Fach- und Führungskräfte anziehen, die sich eine sinnstiftende Arbeit an der Schnittstelle von Technologie, Wirtschaft und Gesellschaft wünschen. Und sie werden zu Vorreitern einer digitalen Ökonomie, die langfristig Werte für alle schafft.

Dies mag nach einer gewaltigen Aufgabe klingen – und das ist es auch. Aber angesichts der enormen Gestaltungsmacht, die Unternehmen als Treiber und Anwender von KI haben, führt kein Weg daran vorbei. Die Alternative wäre eine von Misstrauen, Regulierungswirrwarr und gesellschaftlicher Spaltung geprägte Entwicklung, an deren Ende womöglich ein Backlash gegen KI und digitale Technologien insgesamt stünde. Ein Szenario, das sich weder Wirtschaft noch Gesellschaft leisten können.

Genau deshalb ist Corporate Digital Responsibility eine so zentrale Herausforderung. Sie entscheidet mit darüber, ob und wie die enormen Potenziale von KI – für Innovation, Produktivität und die Lösung großer Menschheitsaufgaben – gehoben werden können. Ob wir die Zukunft im Einklang mit unseren Werten gestalten können. Und welche Rolle Unternehmen dabei spielen.

Die gute Nachricht ist: Viele Unternehmen haben die Zeichen der Zeit erkannt. Sie arbeiten an ethischen Leitlinien, investieren in interdisziplinäre KI-Teams und suchen den Dialog mit der Gesellschaft. Doch es braucht mehr. Es braucht ein kraftvolles Bekenntnis aller Wirtschaftsakteure zu einer menschenzentrierten, vertrauenswürdigen und gemeinwohlorientierten KI. Denn nur wenn Wirtschaft, Politik und Gesellschaft an einem Strang ziehen, kann die KI-Transformation gelingen.

Wie genau Unternehmen diese Herkulesaufgabe meistern können, welche Best Practices es gibt und welche konkreten Schritte nötig sind – all das werden wir in den folgenden Kapiteln behandeln. Denn eines ist klar: Die Zeit zu handeln ist jetzt. Die KI-Revolution ist in vollem Gange.

1.4 Unternehmerische Verantwortung beim Einsatz von KI

Unternehmen, die sich ihr verschließen oder rein reaktiv agieren, riskieren den Anschluss an die Zukunft. Unternehmen hingegen, die mutig und verantwortungsvoll vorangehen, können die Zukunft nach ihren Werten gestalten – und damit nicht nur wirtschaftlich erfolgreich sein, sondern auch einen positiven Beitrag für Gesellschaft und Menschheit leisten.

Die wesentlichen Lerninhalte sind hier nochmals zusammengefasst:

- *Unternehmen müssen sicherstellen, dass KI-Systeme nachvollziehbare Entscheidungslogiken besitzen und deren Auswirkungen kontinuierlich überwachen.*
- *Der verantwortungsvolle Einsatz von KI erfordert ein Bewusstsein für unbeabsichtigte Folgen und gesellschaftliche Risiken.*
- *Ein breiter Dialog zwischen Unternehmen, Politik, Wissenschaft und Zivilgesellschaft ist notwendig, um ethische Leitplanken zu setzen und Vertrauen in die Technologie zu schaffen.*
- *Unternehmen müssen proaktiv offenlegen, wie KI eingesetzt wird, und eine umfassende Dokumentation der Prozesse bereitstellen.*

2 Was ist KI? - Grundlagen der Künstlichen Intelligenz

"Die Frage ist nicht, ob Maschinen denken können, sondern ob Menschen es tun."
Alan Turing, Mathematiker und Computerpionier

Künstliche Intelligenz – für die einen ein faszinierendes Zukunftsversprechen, für die anderen ein bedrohliches Schreckgespenst. Kaum ein Technologietrend wird so kontrovers und emotional diskutiert wie KI. Doch hinter all der Aufregung, den Schlagzeilen und Hollywood-Dystopien steckt zunächst einmal eine ganz nüchterne wissenschaftliche Disziplin. Eine Disziplin mit einer über 70-jährigen Geschichte, fest verankert in Mathematik, Informatik, Psychologie und Neurowissenschaften.

> In diesem Kapitel wollen wir einen Schritt zurücktreten und uns in aller Ruhe ansehen: Was genau verbirgt sich eigentlich hinter dem Begriff KI? Welche Ziele und Visionen stehen dahinter? Wie hat sich das Forschungsfeld historisch entwickelt? Und vor allem: Wie "ticken" KI-Systeme unter der Haube, welche unterschiedlichen Ansätze und Techniken gibt es?

Das mag zunächst sehr theoretisch klingen. Doch keine Sorge: Wir werden die Reise in die Grundlagen der KI so anschaulich und alltagsnah wie möglich gestalten. Mit vielen Beispielen, Analogien und Erklärungen, die auch ohne Informatikstudium verständlich sind. Denn eines ist klar: Nur wer die Prinzipien und Mechanismen der KI versteht, kann ihre Möglichkeiten, aber auch ihre Grenzen und Herausforderungen richtig einschätzen. Und genau dieses Grundverständnis wollen wir in diesem Kapitel schaffen. Los geht's!

2.1 Definition und Zielsetzung

Aber fangen wir vorne an: Was genau meinen wir eigentlich, wenn wir von Künstlicher Intelligenz sprechen? Nun, ganz allgemein geht es darum, Maschinen bzw. Computersysteme zu entwickeln, die intelligentes Verhalten zeigen – also Fähigkeiten, die wir normalerweise mit menschlicher Intelligenz assoziieren.

Stellen Sie sich beispielsweise folgende **Szenarien** vor:

- Ein Schachcomputer, der strategisch plant, Züge vorausberechnet und selbst Großmeister schlägt.
- Ein Dialogsystem, das gesprochene Sprache versteht, sinnvolle Antworten generiert und komplexe Anfragen bearbeitet.
- Ein autonomes Fahrzeug, das Hindernisse erkennt, Verkehrsregeln beachtet und sicher ans Ziel navigiert.
- Ein Übersetzungsprogramm, das Texte nicht nur Wort für Wort, sondern sinngemäß und stilistisch stimmig übersetzt.
- Ein medizinisches Diagnosesystem, das Krankheiten anhand von Symptomen und Befunden erkennt.

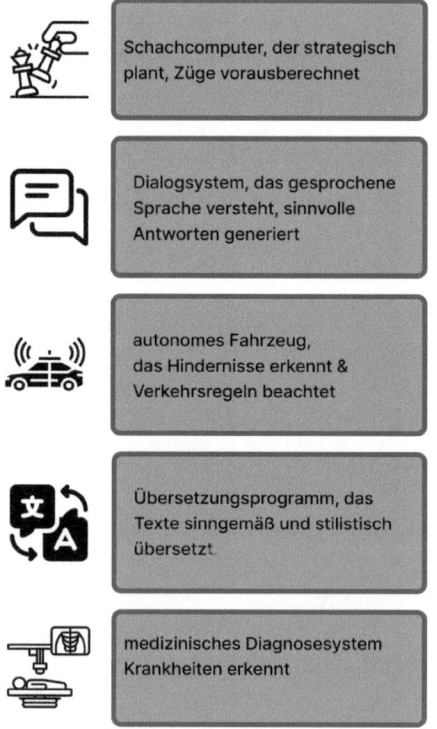

Abb. 2: 5 Szenarien, in denen Computersysteme intelligentes Verhalten zeigen

2.1 Definition und Zielsetzung

All diesen Beispielen ist eines gemeinsam: Sie erfordern Fähigkeiten wie logisches Schlussfolgern, Lernen, Planen, Problemlösen, Wissensrepräsentation oder Sprachverarbeitung – Fähigkeiten, die weit über starre, regelbasierte Algorithmen hinausgehen. Genau solche "intelligenten" Leistungen sind es, die wir bei KI-Systemen anstreben.

Nun könnte man einwenden: Ein Taschenrechner kann blitzschnell komplexe Rechenaufgaben lösen – ist er deshalb intelligent? Ein Industrieroboter führt präzise und ausdauernd immer wieder die gleichen Bewegungen aus – macht ihn das zu einem denkenden Wesen? Die Antwort lautet: nein. Denn es geht nicht allein um Rechenpower oder Automatisierung. Es geht um flexibles, lernfähiges, in gewisser Weise eigenständiges Verhalten in einer Vielzahl von Situationen. Anders gesagt: KI-Systeme sollen nicht nur komplizierte Probleme lösen, sondern sich auch an neue, unvorhergesehene Gegebenheiten anpassen.

Abb. 3: KI-Pioneer Nils Nilsson

Der Mathematiker und KI-Vordenker Nils Nilsson brachte es auf den Punkt:

> "Künstliche Intelligenz ist das Bestreben, Maschinen zu Dingen zu befähigen, die Intelligenz erfordern würden, wenn sie von Menschen getan würden."

Entscheidend ist hier der Nachsatz "wenn sie von Menschen getan würden". Es geht bei KI nämlich nicht zwangsläufig darum, menschliches Denken in all seinen Facetten 1:1 nachzubilden. Moderne KI-Forscher sprechen eher von "rationaler Intelligenz" statt von menschenähnlicher Intelligenz. Ziel ist es, Systeme zu entwickeln, die eigenständig intelligentes Verhalten zeigen und Probleme lösen – egal, ob sie dabei nach den gleichen Prinzipien wie das menschliche Gehirn arbeiten oder nicht.

Trotzdem ist der Vergleich mit dem Menschen ein guter Startpunkt, um die Vision der KI besser zu verstehen. Denn seit jeher ist es eine Faszination des Menschen, intelligente Artefakte nach dem eigenen Bilde zu erschaffen – ob Golems in der jüdischen Mythologie, den Maschinenmenschen in Fritz Langs Metropolis oder Data, den Android in Star Trek.

Überspitzt könnte man sagen: KI ist der Versuch, die geistigen Fähigkeiten des Menschen auf Maschinen zu übertragen und so gewissermaßen künstliche "Denkorgane" zu schaffen. Organe, die in mancher Hinsicht vielleicht sogar leistungsfähiger sind als unsere Gehirne aus Kohlenstoff und Eiweiß – weil sie schneller, ausdauernder, präziser arbeiten und riesige Datenmengen verarbeiten können.

Klingt nach Science Fiction? In Ansätzen ist das schon Realität. Denken Sie an IBMs Supercomputer Watson, der in der Quizshow *Jeopardy!* zwei menschliche Champions besiegte. Oder an AlphaGo von Google DeepMind, das die weltbesten Go-Spieler schlug – in einem Spiel, das als Inbegriff strategischen Denkens gilt. Oder an GPT-3, ein KI-Sprachmodell, das verblüffend menschenähnliche Texte verfassen kann.

Natürlich sind das noch keine "echten" Intelligenzen, die mit der Allgemeinbegabung des Menschen mithalten könnten. Doch sie zeigen exemplarisch, wohin die Reise geht: Zu Maschinen, die immer komplexere geistige Tätigkeiten übernehmen – vom Autofahren über medizinische Diagnosen bis hin zu kreativen und analytischen Aufgaben.

> Kurzum: Das Ziel der KI ist es, rationales, intelligentes Verhalten zu mechanisieren und auf Computersysteme zu übertragen.

Systeme, die nicht starr einem einprogrammierten Regelwerk folgen, sondern flexibel, autonom und lernfähig komplexe Probleme lösen können. Systeme, die Muster erkennen, Schlussfolgerungen ziehen, Entscheidungen treffen, Wissen repräsentieren und in natürlicher Sprache kommunizieren. Damit wollen wir unseren technologischen Horizont erweitern, neue Erkenntnisse gewinnen und letztlich den Fortschritt der Menschheit vorantreiben.

2.1 Definition und Zielsetzung

Gleichzeitig zeigen Durchbrüche wie Watson oder AlphaGo aber auch, wie schwer es ist, Intelligenz klar zu definieren und zu messen. Denn bei näherem Hinsehen sind es oft eher spezialisierte Fähigkeiten und pure Rechenkraft als echtes "Verstehen" oder gar Bewusstsein, die den Ausschlag geben. Ist sowas dann noch Intelligenz? Wo verläuft die Grenze zwischen "echter" und "simulierter" Intelligenz? Und spielen solche philosophischen Fragen überhaupt eine Rolle, solange die Systeme die ihnen übertragenen Aufgaben zuverlässig erfüllen?

Sie merken schon: Keine einfachen Fragen. Aber genau das macht die Erforschung der KI so spannend. Die Suche nach "denkenden" Maschinen konfrontiert uns immer wieder mit grundsätzlichen Fragen über das Wesen von Intelligenz, Rationalität und Geist. Fragen, die schon seit der Antike Philosophen und Denker umtreiben – und deren Antworten mit dem Fortschreiten der KI immer dringlicher werden.

Eines ist klar: Die KI wird unser Verständnis von Intelligenz, von Technik und nicht zuletzt vom Menschen selbst tiefgreifend verändern. Wie genau diese Reise verläuft und wo sie uns hinführt – das schreiben wir mit unseren Entscheidungen und Handlungen selbst. Aber der Anfang dieses Weges lässt sich sehr genau datieren: Er beginnt Mitte des 20. Jahrhunderts, mit einer denkwürdigen Konferenz am Dartmouth College. Folgen Sie mir nun zu einem Blick zurück zu den Anfängen der KI-Forschung.

Die wesentlichen Lerninhalte sind hier nochmals zusammengefasst:

- *Künstliche Intelligenz beschreibt Systeme, die intelligentes Verhalten zeigen, indem sie Aufgaben ausführen, die typischerweise menschliches Denken erfordern.*
- *KI findet Einsatz in unterschiedlichsten Bereichen, von Schachcomputern bis hin zu selbstfahrenden Autos, die in Echtzeit komplexe Entscheidungen treffen.*
- *Ziel der KI ist es, menschliche Fähigkeiten durch Unterstützung und Automatisierung zu erweitern, etwa in der Medizin bei Diagnosen oder in der Prozessoptimierung.*
- *Die Entwicklung von KI basiert auf Wissen aus verschiedenen Disziplinen wie Mathematik, Informatik, Neurowissenschaften und Psychologie.*

2.2 Geschichte der KI

Die Idee von "denkenden" Maschinen mag so alt sein wie die Technik selbst – man denke nur an den Automatentrend im Barock oder die Rechenmaschinen im 19. Jahrhundert. Doch erst ab den 1940er Jahren, mit dem Aufkommen elektrohischer Computer, bekam diese Vision echte wissenschaftliche Substanz.

Wegweisend waren vor allem die theoretischen Arbeiten des britischen Mathematikers Alan Turing. In seinem epochalen Artikel "Computing Machinery and Intelligence" (1950) stellte er die provokante Frage: "Können Maschinen denken?" Um dies zu testen, schlug er ein Gedankenexperiment vor, das als Turing-Test in die Geschichte einging. Dabei "chattet" ein Mensch über eine Tastatur mit zwei Gesprächspartnern – einem anderen Menschen und einem Computer. Kann der Fragesteller anhand der Antworten nicht unterscheiden, wer Mensch und wer Maschine ist, hätte der Computer den Test bestanden und müsste laut Turing als intelligent gelten.

Bis heute gilt der Turing-Test als eine Art "Benchmark" für KI – wobei umstritten ist, ob er wirklich ein sinnvolles Maß für Intelligenz ist oder eher die Fähigkeit zur Täuschung misst. Dennoch: Turings Ideen inspirierten eine ganze Generation von Forschern, sich mit "denkenden" Maschinen zu beschäftigen. Langsam nahm ein neues Forschungsgebiet Konturen an.

Als eigentliche Geburtsstunde der KI gilt aber eine Konferenz, die im Sommer 1956 am Dartmouth College in Hanover, New Hampshire stattfand. Initiiert hatten sie vier junge Mathematiker und Informatik-Pioniere: John McCarthy, Marvin Minsky, Nathaniel Rochester und Claude Shannon. In ihrem Förderantrag schrieben sie:

> "Wir schlagen vor, eine 2-monatige Forschungsgruppe zu organisieren, die sich mit dem Thema Artificial Intelligence befasst [...] Der Versuch soll unternommen werden herauszufinden, wie Maschinen dazu gebracht werden können, eine Sprache zu verwenden und Abstraktionen und Konzepte zu bilden und zu formulieren, und dies gegebenenfalls durch Zurückgreifen auf eine Verbesserung der ihnen zur Verfügung stehenden Erfahrung. [...] Wir denken, dass ein bedeutender Fortschritt (...) möglich ist, wenn eine sorgfältig zusammengestellte Studiengruppe an ihr in einem Sommer gemeinsam arbeitet."

Neben dem erstmaligen Gebrauch des Begriffes "Artificial Intelligence" ist bemerkenswert, wie kühn die Erwartungen waren: Binnen eines Sommers wollte man Maschinen zu Spracherwerb und Konzeptbildung befähigen

− Fähigkeiten, die selbst kleine Kinder erst über Jahre hinweg mühsam erlernen. Rückblickend eine maßlose Selbstüberschätzung.

Dennoch: Die Dartmouth-Konferenz bündelte die Energien und definierte eine gemeinsame Agenda. Minsky sprach später vom "Geburtsakt einer neuen Wissenschaft". Die KI hatte ihren Namen, ihre Themen und ihre Helden. In den Folgejahren gab es rasche Fortschritte, etwa bei der maschinellen Übersetzung, Mustererkennung und Robotik. Erste Prototypen wie das Dialogsystem ELIZA oder der mobile Roboter Shakey sorgten für Aufsehen. Eine regelrechte "KI-Euphorie" setzte ein, getrieben von der Vision, schon bald Maschinen mit menschenähnlichen Fähigkeiten zu bauen.

Die Realität holte die junge Disziplin aber schnell ein. Viele Probleme erwiesen sich als deutlich kniffliger als gedacht − Sprachverstehen, Sehen, räumliches Denken. Immer wieder stieß man an die Grenzen der damaligen Hardware. Die hohen Erwartungen ließen sich nicht erfüllen, Fördermittel brachen weg. Zwischen 1974 und 1980 durchlebte die KI ihren ersten "Winter", gekennzeichnet von Ernüchterung und schrumpfenden Budgets.

Einen neuen Frühling erlebte die KI ab den 1980er Jahren − befeuert durch die wachsende Rechenleistung, aber auch durch neue Ansätze wie Expertensysteme und neuronale Netze. Expertensysteme versuchen, das Wissen und die Entscheidungsprozesse eines menschlichen Experten − etwa eines Arztes oder Mechanikers − in Regeln zu fassen und so zu imitieren. Neuronale Netze wiederum sind grob den Schaltwegen im Gehirn nachempfunden und lernen aus Beispieldaten, ohne explizit programmiert zu werden. Dazu gleich mehr.

Beide Ansätze feierten beachtliche Erfolge − Expertensysteme etwa bei der medizinischen Diagnose, neuronale Netze bei der Sprach- und Bildverarbeitung. Zudem hielten KI-Techniken zunehmend Einzug in die industrielle Praxis, vom Roboter in der Fertigung bis zum Assistenzsystem im Auto. Der Siegeszug des Schachcomputers Deep Blue über Weltmeister Garri Kasparow 1997 markierte einen symbolträchtigen Meilenstein.

Doch abermals folgte ein Rückschlag. Um die Jahrtausendwende liefen sich die klassischen KI-Ansätze zusehends tot. Expertensysteme scheiterten an der Komplexität realer Probleme, für die sich keine klaren Regeln aufstellen ließen, für die sich keine klaren Regeln aufstellen ließen. Eine elegant wirkende Theorie erwies sich in der schmutzigen Wirklichkeit als wenig praxistauglich. Gleichzeitig wuchsen die Datenmengen und Anforderungen, klassische Methoden stießen an ihre Skalierungsgrenzen. Die

Folge: ein zweiter "KI-Winter" mit geschrumpften Budgets und gedämpften Erwartungen.

Doch diesmal war der Frost nur von kurzer Dauer. Denn Anfang der 2010er Jahre kamen gleich mehrere Entwicklungen zusammen, die eine regelrechte "KI-Explosion" auslösten:

- Die digitale Revolution, Internet und Sensorik produzierten gigantische Datenmengen – den Rohstoff für datengetriebene KI-Ansätze. Stichworte: Big Data, Internet of Things (IoT).
- Die Moore'sche Gesetz sorgte für immer leistungsfähigere und günstigere Hardware, gerade bei spezialisierten Chips für numerische Berechnungen (GPUs).
- Neue Algorithmen und Architekturen wie Deep Learning ermöglichten das Training deutlich komplexerer und leistungsfähigerer Modelle – vorausgesetzt, man fütterte sie mit genug Daten.
- Die großen Tech-Konzerne – Google, Amazon, Facebook, Microsoft, Apple, Baidu – investierten Milliarden in KI-Forschung und Anwendungen, angezogen vom disruptiven Potenzial der Technologie.
- Anwendungsfelder von der Bilderkennung über die Sprachverarbeitung bis hin zum autonomen Fahren erlebten dramatische Durchbrüche durch neue KI-Verfahren.

Das Ergebnis war eine Art "Cambrian Explosion" der KI – eine schlagartige Zunahme von Vielfalt, Leistungsfähigkeit und Sichtbarkeit des Forschungsfeldes. Kaum eine Woche verging ohne Meldungen über neue Rekorde, Anwendungen und ethische Debatten rund um KI. Längst ist das Thema in der Mitte von Wirtschaft, Politik und Gesellschaft angekommen.

Einige Meilensteine der letzten Jahre:

- 2011 gewinnt IBMs Watson gegen menschliche Champions in der Quizshow Jeopardy! und demonstriert so die Leistungsfähigkeit von KI bei Frage-Antwort-Systemen.
- 2012 erzielt das Deep Learning-Modell AlexNet einen Durchbruch bei der Bilderkennung und läutet die Ära des "Deep Learning" ein.
- 2016 besiegt AlphaGo von DeepMind den Weltmeister im hochkomplexen Brettspiel Go und zeigt so die Stärke von KI bei Strategiespielen und Planung.
- 2018 stellt Google Duplex vor, ein System, das täuschend echt klingende Telefonate führen kann, um etwa Termine zu vereinbaren.

2.2 Geschichte der KI

- 2020 veröffentlicht OpenAI mit GPT-3 ein Sprachmodell von bisher ungekannter Leistungsfähigkeit, das Texte fast auf menschlichem Niveau generieren kann.
- 2022 sorgen Text-to-Image-Modelle wie DALL-E 2 und Stable Diffusion für Aufsehen, die aus Textbeschreibungen beeindruckend realistische Bilder generieren.

Abb. 4: Meilensteine in der Entwicklung der KI

Dies sind nur einige Beispiele – die Liste ließe sich lange fortsetzen und wächst täglich. Klar ist: KI ist in atemberaubendem Tempo dabei, immer mehr Fähigkeiten zu erwerben, die bislang dem Menschen vorbehalten schienen. Ein Ende dieser Entwicklung ist nicht abzusehen – im Gegenteil, das Tempo scheint sich stetig zu beschleunigen.

Doch wie geht es weiter mit der KI? Überall ist die Rede von einem nahenden "Umbruch", einer "neuen Ära" – aber was heißt das konkret? Wann werden wir Maschinen haben, die auf Augenhöhe mit dem Menschen kommunizieren, eigenständig Probleme lösen und kreativ Neues erschaffen können?

Um diese Fragen seriös zu beantworten, müssen wir uns zunächst anschauen, wie die heutigen KI-Systeme eigentlich technisch funktionieren. Was sind die Prinzipien und Architekturen hinter Anwendungen wie sprachverarbeitenden Modellen, Bilderkennung oder Robotersteuerung? Wie "intelligent" sind diese Systeme wirklich – und wo liegen ihre Grenzen? All dies wollen wir uns im nächsten Abschnitt genauer anschauen.

Die wesentlichen Lerninhalte sind hier nochmals zusammengefasst:

- *Künstliche Intelligenz wurde in den 1950er Jahren als wissenschaftliches Feld begründet, mit der Vision, Maschinen zu entwickeln, die menschenähnliches Denken nachahmen können.*
- *Zu den Meilensteinen der frühen KI zählen einfache Programme wie Schachcomputersysteme und Entscheidungsalgorithmen, die grundlegende Logikoperationen durchführten.*
- *In den 1970er und 1980er Jahren geriet die Forschung ins Stocken, da Erwartungen die technologischen Möglichkeiten überstiegen und Investitionen ausblieben.*
- *Ab den 1990er Jahren ermöglichte der technologische Fortschritt in Rechenleistung und Datenspeicherung den Durchbruch von maschinellem Lernen und komplexeren Algorithmen.*
- *Mit neuronalen Netzwerken und Deep-Learning-Techniken revolutionierte KI in den letzten Jahrzehnten verschiedene Bereiche wie Sprachverarbeitung, Bildanalyse und autonome Systeme.*
- *Heute hat KI sich zu einem zentralen Treiber technologischer und gesellschaftlicher Veränderungen entwickelt, mit einer zunehmenden Integration in unser tägliches Leben.*

2.3 Aufbau und Funktionsweise von KI-Systemen

Künstliche Intelligenz – das klingt fast wie Zauberei. Maschinen, die scheinbar wie von Geisterhand komplexe Aufgaben meistern, die bislang Menschen vorbehalten waren. Doch bei genauerem Hinsehen steckt dahinter natürlich keine Magie, sondern ausgefeilte Computertechnik und Mathematik. Lassen Sie uns gemeinsam einen Blick unter die Haube heutiger KI-Systeme werfen, um zu verstehen, wie diese eigentlich funktionieren.

Zunächst einmal: Es gibt nicht die eine KI-Architektur. Vielmehr ist das Feld ein bunter Zoo verschiedenster Methoden, Modelle und Implementierungen – je nach Anwendungsfall und zugrunde liegender Philosophie. Dennoch lassen sich einige Grundmuster identifizieren, die sich in fast allen modernen KI-Systemen finden:

2.3 Aufbau und Funktionsweise von KI-Systemen

1. Daten als Treibstoff: KI-Systeme "lernen" typischerweise aus einer großen Menge an Beispieldaten. Vereinfacht gesagt: Je mehr Daten man ihnen gibt, desto besser werden sie in ihrer Aufgabe. Bei einem System zur Bilderkennung wären das z. B. Millionen von Fotos, die mit Labels wie "Hund", "Katze", "Auto" etc. versehen sind. Anhand dieser gelabelten Beispiele lernt das System dann selbstständig, die entscheidenden Merkmale zu identifizieren. Die Verfügbarkeit riesiger Datensätze (Stichwort: Big Data) ist eine wesentliche Voraussetzung für die jüngsten Durchbrüche im Bereich KI.
2. Trainieren statt Programmieren: Klassische Softwareprogramme bestehen aus expliziten Regeln und Anweisungen, die der Programmierer eingibt ("wenn x, dann y"). Bei modernen KI-Systemen ist das anders: Hier definiert der Entwickler nur die grobe Struktur (Architektur) des Modells sowie die Lernregel – aber nicht die konkreten Parameter. Diese werden stattdessen aus den Trainingsdaten gelernt. Man sagt auch: Das System "programmiert sich selbst" anhand der Beispiele. Dieser Paradigmenwechsel von expliziten Regeln hin zu datengetriebenem Lernen ist einer der Schlüssel für die Leistungsfähigkeit heutiger KI.
3. Interne Repräsentationen: Um ihre Aufgabe zu erfüllen, müssen KI-Systeme ein "inneres Modell" ihrer Umgebung aufbauen – also relevante Aspekte der Welt erfassen, abstrahieren und in eine für sie verarbeitbare Form übersetzen. Bei einem Schachcomputer wäre das z. B. ein internes Abbild des Spielbretts mit allen Figuren und möglichen Zügen. Diese "Repräsentationen" sind gewissermaßen das Herzstück jeder KI – hier passiert die eigentliche Intelligenzleistung. Je nachdem, wie komplex und flexibel diese internen Modelle sind, desto "smarter" wirkt am Ende das System.
4. Mathematische Optimierung: Im Kern besteht das Training eines KI-Modells meist darin, eine mathematische Zielfunktion zu optimieren. Bei der Bilderkennung könnte diese Funktion z. B. messen, wie oft das Modell Hunde korrekt als Hunde identifiziert und Katzen korrekt als Katzen. Durch geschicktes Anpassen der internen Parameter versucht man nun, diesen "Fehler" zu minimieren. Dies geschieht oft durch Gradientenverfahren, die den Fehler Schritt für Schritt in Richtung eines Minimums "hinunterrutschen". Dieses iterative Optimieren ist gewissermaßen der Motor, der die Lernfortschritte antreibt.
5. Vorhersage und Generierung: Am Ende soll das trainierte KI-Modell in der Lage sein, anhand der gelernten Muster Vorhersagen über neue,

ungesehene Daten zu treffen – oder sogar selbst Outputs zu generieren. Beispiele wären die Diagnose eines neuen Patienten anhand seiner Symptome (Vorhersage) oder das Schreiben einer Fortsetzung zu einem eingegebenen Textanfang (Generierung). In dieser Phase kommt es auf die Generalisierungsfähigkeit des Modells an – also die Fähigkeit, das Gelernte auf neue Situationen zu übertragen.

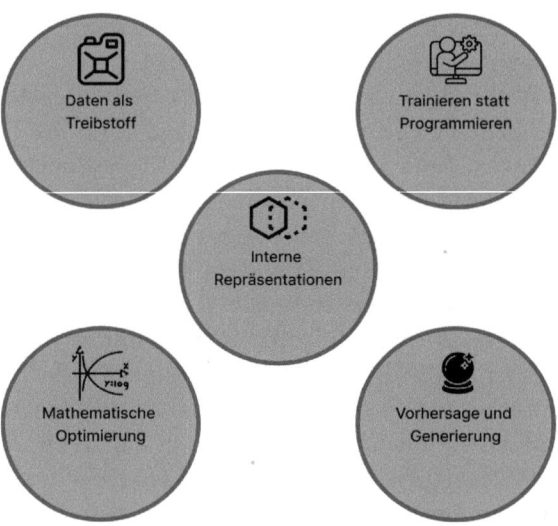

Abb. 5: 5 Grundmuster die in fast allen modernen KI-Systemen zu finden sind

Diese fünf Prinzipien finden sich in unterschiedlichen Ausprägungen in fast allen heutigen KI-Systemen wieder. Egal ob Spracherkennung, Robotersteuerung oder Betrugserkennung – immer geht es darum, anhand von Daten Muster und Regelmäßigkeiten zu erkennen, diese in flexiblen internen Repräsentationen zu kodieren und zur Lösung neuer Probleme einzusetzen.

Natürlich ist dies nur eine grobe Skizze – die Details sind oft deutlich komplizierter und technischer. Aber wir hoffen, diese Zusammenfassung gibt Ihnen schon mal ein Gefühl dafür, nach welchen Grundprinzipien moderne KI "tickt".

Im nächsten Schritt gehen wir noch etwas mehr ins Detail und schauen uns die wichtigsten Typen von KI-Systemen an, die heute im Einsatz sind. Vom simplen Regelwerk bis zum weltumspannenden neuronalen Netz – es

2.4 Typen von Künstlicher Intelligenz

wird ein spannender Streifzug durch die Welt der "denkenden" Maschinen. Sind Sie bereit? Dann folgen Sie mir in den nächsten Abschnitt!

Die wesentlichen Lerninhalte sind hier nochmals zusammengefasst:

- *Die Leistungsfähigkeit von KI hängt entscheidend von der Qualität und Menge der verwendeten Daten ab, die zur Modelloptimierung eingesetzt werden.*
- *KI-Systeme verbessern sich kontinuierlich durch Lernen aus Daten und Erfahrungen, was ihre Effizienz und Genauigkeit steigern.*
- *Unterschiedliche Anwendungen wie Sprachverarbeitung, Bilderkennung oder autonome Systeme erfordern spezifische technische Architekturen.*
- *Zu den zentralen Herausforderungen gehören die Erklärbarkeit von KI-Entscheidungen, die Reduzierung von Energieverbrauch und die Minimierung von Vorurteilen in den Modellen.*

2.4 Typen von Künstlicher Intelligenz

Wenn wir über "Künstliche Intelligenz" sprechen, meinen wir eigentlich eine ganze Familie von Ansätzen und Technologien. Diese lassen sich grob anhand von zwei Achsen kategorisieren:

- erstens nach dem Grad der **Autonomie und Flexibilität**,
- zweitens nach der Art der zugrunde liegenden **Algorithmen und Architekturen**.

Beide Dimensionen wollen wir uns nun etwas genauer anschauen.

Beginnen wir mit der **ersten Achse**, die man auch als "KI-Leiter" oder "Spektrum der Intelligenz" bezeichnet.

- Ganz unten auf dieser Leiter stehen sogenannte regelbasierte Systeme oder auch "Good Old-Fashioned AI" (GOFAI). Dies sind im Grunde klassische Computerprogramme, die einem fest vorgegebenen Satz von Wenn-Dann-Regeln folgen. Denken Sie etwa an einen simplen Chatbot, der anhand von Schlüsselworten vorgefertigte Antworten gibt. Oder an ein Expertensystem, das Faktenwissen und Entscheidungsbäume eines

Fachmanns nachbildet – aber eben genau auf diesen einprogrammierten Bereich beschränkt bleibt. Solche Systeme mögen in eng definierten Domänen gute Dienste leisten, sind aber weit entfernt von der flexiblen Intelligenz eines Menschen.

- Eine Stufe darüber kommen maschinelle Lernverfahren ins Spiel, insbesondere überwachtes Lernen (Supervised Learning). Hier werden dem System eine große Menge an Beispieldaten gefüttert, die bereits gelabelt sind – etwa Fotos von Hunden und Katzen. Anhand dieser Beispiele "lernt" das System dann selbstständig, welche Merkmale für die jeweilige Kategorie charakteristisch sind. Das gelernte Modell kann dann auf neue, unbekannte Daten angewendet werden – und im besten Fall Hunde und Katzen nun korrekt unterscheiden. Der große Vorteil: Das System muss nicht mehr explizit programmiert werden, sondern leitet die relevanten Muster eigenständig aus den Daten ab. Allerdings braucht es dazu erst mal einen großen, möglichst repräsentativen Datensatz – was oft eine Herausforderung ist.
- Noch etwas flexibler und autonomer sind Verfahren des unüberwachten Lernens (Unsupervised Learning) und des bestärkenden Lernens (Reinforcement Learning). Hier lernt das System ganz ohne gelabelte Trainingsdaten, nur anhand der inhärenten Strukturen im Input (unüberwacht) oder durch Trial-and-Error-Interaktion mit einer Umgebung (bestärkend). Ein Beispiel für unüberwachtes Lernen wäre das Clustering von Kundendaten, um Gruppen mit ähnlichen Präferenzen zu identifizieren. Ein Reinforcement Learning-Agent könnte etwa selbstständig die optimale Strategie für ein Computerspiel erlernen, indem er verschiedene Aktionen ausprobiert und aus Belohnungssignalen lernt. Solche Systeme können sehr kreativ und anpassungsfähig sein – benötigen dafür aber oft lange Trainingszeiten und extragroße Datenmengen.
- Die Krönung der KI-Leiter ist die sogenannte "Artificial General Intelligence" (AGI) oder "starke KI". Darunter versteht man Systeme, die über Aufgabenspezifische Fähigkeiten hinausgehen und stattdessen breite, domänenübergreifende Intelligenz ähnlich der des Menschen zeigen. Also flexibles logisches Denken, Transferlernen, Kreativität, vielleicht sogar Selbstbewusstsein. Eine AGI wäre nicht auf einen Anwendungsfall beschränkt, sondern könnte sich praktisch jedes Wissen und jede Fähigkeit aneignen – eine Art "Superintelligenz". Allerdings ist umstritten, ob und wann wir dieses Niveau erreichen werden. Die meisten heutigen

2.4 Typen von Künstlicher Intelligenz

KI-Systeme sind "schwache" oder "enge" KIs, die zwar beeindruckende, aber eben hochspezialisierte Leistungen zeigen.

Damit sind wir bei der **zweiten Achse**: den konkreten Methoden und Architekturen, die in der KI zum Einsatz kommen. Hier hat sich in den letzten Jahren ein regelrechter Cambrian Explosion an Ansätzen entwickelt. Grob lassen sie sich in drei Gruppen einteilen:

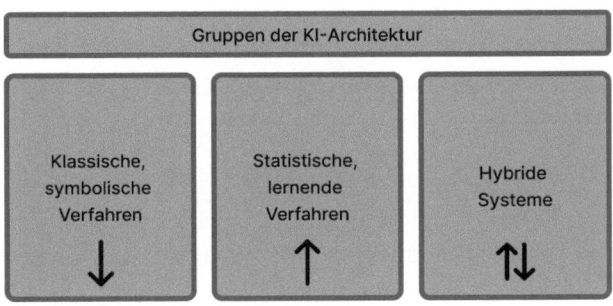

Abb. 6: Gruppen der KI-Architektur

- Klassische, symbolische Verfahren: Diese folgen oft einer "Top-Down"-Logik und versuchen, Wissen explizit in Form von Symbolen, Regeln und logischen Ausdrücken zu kodieren. Prominente Vertreter sind etwa Expertensysteme, bei denen das Domänenwissen von Fachleuten mühsam manuell in Form von Regeln und Fakten abgebildet wird. Der Vorteil: Solche wissensbasierten Systeme sind transparent und nachvollziehbar. Allerdings ist der manuelle Aufbau einer Wissensbasis extrem aufwändig und die resultierende Intelligenz wenig flexibel.
- Statistische, lernende Verfahren: Diese Ansätze folgen einer "Bottom-Up"-Strategie. Anstatt Wissen hart zu kodieren, lernen sie Muster und Zusammenhänge direkt aus (oft unstrukturierten) Daten. Hierzu zählen etwa Entscheidungsbäume, Support Vector Machines und vor allem künstliche neuronale Netze (KNN). Letztere sind lose dem Gehirn nachempfunden: Ein KNN besteht aus vielen einfachen Verarbeitungseinheiten (Neuronen), die in Schichten angeordnet sind und sich gegenseitig aktivieren oder hemmen. Durch Anpassung der Verbindungsstärken kann ein KNN sehr komplexe Funktionen lernen – und skaliert mit der Datenmenge. Der Nachteil ist die fehlende Transparenz: Ein

trainiertes Netz ist eine "Black Box", die selbst für die Entwickler schwer zu durchschauen ist.
- Hybride Systeme: Viele moderne KI-Ansätze kombinieren die Stärken von symbolischen und lernenden Verfahren. So kann man etwa ein KNN mit einer Wissensbasis verknüpfen, um "Reasoning" und Mustererkennung zu verbinden. Auch algorithmische Verbesserungen wie das "Attention"-Konzept, bei dem ein Netz lernt, selektiv auf bestimmte Inputs zu fokussieren, haben die Leistungsfähigkeit enorm erhöht. Generell geht der Trend hin zu immer größeren, wissensbasierten Multimodalmodellen wie GPT-3, die riesige Datenmengen in ihre Repräsentationen einspeisen können.

> Fassen wir kurz zusammen: Die Begriffe "Künstliche Intelligenz" oder "Maschinelles Lernen" sind Sammelbegriffe für eine Vielzahl von Methoden, die grob nach Autonomiegrad und Lernansatz kategorisiert werden können. Vom fest programmierten Regelwerk über datengetriebene Mustererkennung bis hin zu hirnähnlichen neuronalen Netzen – die konkreten Techniken sind so vielfältig wie ihre Anwendungsfelder. Allen gemein ist das Ziel, intelligentes Verhalten zu mechanisieren, sei es in eng definierten Domänen oder als flexibles Problemlösen.

Wir hoffen, dieser Überblick hat schon etwas Licht ins Dunkel gebracht, was hinter dem Schlagwort "KI" eigentlich steckt. Natürlich konnten wir hier nur an der Oberfläche kratzen – aber keine Sorge, wir werden einige der Konzepte gleich noch vertiefen. Insbesondere die aktuell so mächtigen Verfahren des Deep Learning und der künstlichen neuronalen Netze wollen wir uns genauer anschauen. Denn sie sind es, die momentan von Spracherkennung bis Robotik für die meisten Durchbrüche sorgen.

Vielleicht fragen Sie sich an dieser Stelle: Ist das alles wirklich Intelligenz im menschlichen Sinne? Oder nur statistische Optimierung und Mustererkennung? Eine berechtigte Frage! Die Grenzen zwischen "echter" und "simulierter" Intelligenz verschwimmen zusehends. Letztlich kommt es aber vielleicht gar nicht so sehr darauf an, mit welcher Methode ein System intelligentes Verhalten zeigt – sondern wie autonom und flexibel es komplexe Probleme lösen kann. Genau diese Fähigkeit wollen wir nun am Beispiel der lernenden Systeme, insbesondere der neuronalen Netze, genauer unter die Lupe nehmen. Wir versprechen Ihnen, es bleibt spannend!

Die wesentlichen Lerninhalte sind hier nochmals zusammengefasst:

- *Regelbasierte KI-Systeme folgen festen Wenn-Dann-Regeln und sind auf klar definierte Aufgaben spezialisiert, wie bei traditionellen Expertensystemen.*
- *KI-Systeme lernen mithilfe gelabelter Datensätze, um Modelle zu erstellen, die Muster erkennen und neue Daten zuverlässig verarbeiten können.*
- *Diese Form der KI identifiziert selbstständig Muster und Strukturen in nicht gelabelten Daten, beispielsweise zur Gruppierung von Kundenprofilen.*
- *KI lernt durch Feedback aus einer Umgebung, Entscheidungen so zu optimieren, dass sie Belohnungen maximieren, etwa bei autonomen Robotern oder komplexen Spielen.*

2.5 Machine Learning und Deep Learning

Kommen wir nun zum aktuell wohl spannendsten und mächtigsten Teilbereich der KI: dem maschinellen Lernen und insbesondere dem Deep Learning. In den letzten Jahren haben diese datengetriebenen Ansätze für enorme Fortschritte in fast allen Anwendungsbereichen gesorgt, von der Bild- und Spracherkennung über medizinische Diagnostik bis hin zu Empfehlungssystemen und Robotersteuerung. Doch was genau steckt eigentlich hinter diesen Schlagworten?

> Beginnen wir mit einer kurzen Definition: **Maschinelles Lernen (ML)** bezeichnet Verfahren, bei denen Computersysteme selbstständig Muster und Gesetzmäßigkeiten in Daten erkennen und daraus Modelle ableiten, um Vorhersagen zu treffen oder Entscheidungen zu fällen.

Anders als bei klassischen Programmen werden die Regeln hier nicht fix vorgegeben, sondern aus Beispieldaten "erlernt". Je mehr Daten dem System zur Verfügung stehen, desto besser kann es die zugrunde liegenden Zusammenhänge erfassen.

Stellen Sie sich etwa vor, Sie wollten einem Computer beibringen, Spam-Mails zu erkennen. Mit einem klassischen Ansatz müssten Sie mühsam alle Merkmale definieren, die eine Spam-Mail ausmachen – bestimmte Schlüsselwörter, Absender-Adressen, Links usw. – und diese Regeln dann hart in einem Programm kodieren. Mit Machine Learning geht man anders vor: Man füttert dem System einfach tausende Beispiele von Spam- und Nicht-Spam-Mails und lässt es selbst herausfinden, welche Merkmale entscheidend sind. Das Ergebnis ist ein Modell, das Spam-Muster eigenständig erkennt und auch auf unbekannte Mails anwenden kann.

Dieser "Paradigmenwechsel" von expliziten Regeln zu datengetriebenem Lernen hat die KI-Forschung revolutioniert. Denn viele Probleme – gerade im Bereich der Wahrnehmung und Mustererkennung – sind so komplex, dass sie sich nicht in starre Regeln fassen lassen. Wie beschreibt man etwa in einem traditionellen Computerprogramm, wie ein Hund aussieht? Für unser Gehirn ist das ein Leichtes, aber die relevanten Muster explizit zu definieren, ist extrem schwierig. Lernalgorithmen umgehen dieses Problem, indem sie die Muster direkt aus Beispieldaten extrahieren.

Herzstück des Machine Learning sind die Modelle, also jene mathematischen Konstrukte, in denen die gelernten Zusammenhänge kodiert sind. Es gibt viele verschiedene Typen von Modellen, aber drei Ansätze haben sich als besonders leistungsfähig erwiesen:

1. **Künstliche neuronale Netze (KNN):** KNNs sind eine grobe Nachbildung der Neuronen und Synapsen in unserem Gehirn. Sie bestehen aus vielen einfachen Recheneinheiten (Neuronen), die in Schichten angeordnet sind und sich gegenseitig aktivieren oder hemmen. Durch Anpassung der Verbindungsstärken (Gewichte) kann ein KNN nahezu beliebige Funktionen lernen – von der Bilderkennung über Sprachverarbeitung bis hin zu komplexen Entscheidungsaufgaben. Besonders mächtig sind sogenannte "tiefe" neuronale Netze mit vielen Schichten, die hierarchische Repräsentationen lernen – daher der Begriff "Deep Learning".

2. **Entscheidungsbäume und Random Forests:** Bei diesen Verfahren wird der Datenraum durch eine Baumstruktur von Entscheidungen partitioniert. Ausgehend von der Wurzel werden die Daten anhand von gelernten Kriterien immer weiter aufgespalten, bis in den Blättern eine Klassenzuordnung erfolgt. Bekannte Varianten sind CART (Classification and Regression Trees) oder Random Forests, bei denen viele Bäume

kombiniert werden. Vorteil dieser Modelle ist ihre Transparenz: Die gelernten Entscheidungsregeln sind direkt interpretierbar.
3. **Support Vector Machines (SVM):** Dieses Verfahren stammt aus der statistischen Lerntheorie und beruht auf einer einfachen Idee: Die Trainingsdaten werden in einem hochdimensionalen Raum dargestellt und durch eine Hyperebene so getrennt, dass der Abstand (Marge) zwischen den Klassen maximiert wird. Die gefundene Trennebene definiert dann die Entscheidungsgrenze für neue, unbekannte Datenpunkte. Durch mathematische Tricks (sog. Kernel-Funktionen) können auch nichtlineare Probleme elegant gelöst werden. SVMs gelten als sehr robust und effizient.

Dies sind nur drei der gängigsten Modellansätze – es gibt noch viele weitere, etwa Bayessche Netze, Clustering-Algorithmen oder dimensionsreduzierende Verfahren. Generell unterscheidet man drei große Aufgabenklassen des Machine Learning:

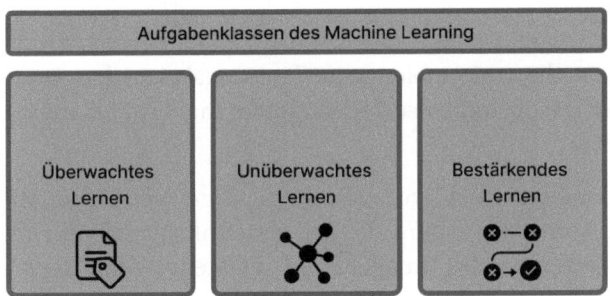

Abb. 7: Aufgabenklassen des Machine Learnings

- **Überwachtes Lernen (Supervised Learning):** Hierbei sind die Trainingsdaten vollständig gelabelt, d. h. die gewünschten Ausgaben sind bekannt. Ziel ist es, eine Funktion zu lernen, die Eingaben möglichst korrekt auf Ausgaben abbildet. Typische Anwendungen sind Klassifikation (z. B. Spam-Erkennung) und Regression (z. B. Preisprognose).
- **Unüberwachtes Lernen (Unsupervised Learning):** Hier sind die Daten nicht gelabelt – es gibt also kein explizites Feedback. Stattdessen sollen inhärente Strukturen oder Zusammenhänge in den Daten aufgedeckt werden. Typische Anwendungen sind Clustering (z. B. Kundensegmentierung), Dimensionsreduktion oder Anomalie-Erkennung.

- **Bestärkendes Lernen (Reinforcement Learning):** Ein Agent lernt durch Interaktion mit einer Umgebung, in der er Aktionen ausführt und Belohnungen erhält. Ziel ist es, eine optimale Strategie zu finden, um die kumulierte Belohnung zu maximieren. Dieses Trial-and-Error-Lernen ähnelt stark menschlichem Lernen. Paradebeispiel ist AlphaGo, das so das komplexe Brettspiel Go meisterte.

Spätestens jetzt fragen Sie sich vielleicht: Wo genau liegt eigentlich der Unterschied zwischen Machine Learning und Deep Learning? Vereinfacht gesagt ist Deep Learning eine Teilmenge von ML, die sich speziell auf tiefe neuronale Netze mit vielen Schichten konzentriert. Solche Architekturen ermöglichen es, hierarchische Merkmale aus den Daten zu lernen – von einfachen Kanten und Texturen in den unteren Schichten bis hin zu komplexen Objekten und abstrakten Konzepten in den oberen Schichten. Damit sind sie prädestiniert für Anwendungen wie maschinelles Sehen oder Sprachverarbeitung.

Der Schlüssel für den enormen Erfolg von **Deep Learning** sind vor allem zwei Faktoren:

- Zum einen die schiere Menge an Trainingsbeispielen,
- zum anderen die immense Rechenpower moderner Hardware wie GPUs oder TPUs.

Dadurch können extrem große, vielschichtige Netze mit Millionen von Parametern trainiert werden, die oft erstaunlich gut generalisieren. Ein Meilenstein war etwa das "ImageNet", ein Datensatz mit über 14 Millionen annotierten Bildern, an dem sich Vision-Modelle messen. Im Bereich der Sprachverarbeitung sorgen riesige Transformer-Modelle wie GPT-3 oder BERT für Furore, die auf gigantischen Text-Korpora trainiert wurden und sowohl syntaktisches als auch semantisches Wissen erfassen.

Trotz dieser beeindruckenden Erfolge hat Deep Learning natürlich auch seine Grenzen und Fallstricke.

- Ein Problem ist die fehlende Transparenz: Die internen Repräsentationen der Netze sind schwer zu interpretieren, man spricht oft von "Black Boxes". Auch können solche Modelle unbeabsichtigte Bias und Verzerrungen aus den Trainingsdaten übernehmen und verstärken – mit teils gravierenden Folgen, etwa bei KI-gestützten Einstellungsverfahren oder in der Justiz.

2.5 Machine Learning und Deep Learning

- Hinzu kommt der enorme Ressourcen-Bedarf: Das Training von Großmodellen wie GPT-3 verschlingt Unmengen an Energie und Rechenleistung, was ökologisch bedenklich ist. Und philosophisch bleibt die Frage: Ermöglichen solche Ansätze wirklich ein tiefes "Verständnis" im menschlichen Sinne? Oder simulieren sie nur oberflächlich intelligentes Verhalten?

Diese Fragen zeigen: So mächtig die aktuellen Methoden auch sind, von einer "echten", flexiblen Intelligenz sind wir noch weit entfernt. Deep Learning hat die KI zweifelsohne revolutioniert, aber es ist nicht der heilige Gral. Vermutlich braucht es zusätzliche Bausteine wie symbolisches Schließen, kausales Denken oder Meta-Lernen, um die Vision einer Generellen KI zu realisieren. Aber die Forschung ist im vollen Gange und die nächsten Durchbrüche lassen sicher nicht lange auf sich warten.

Eines ist jedenfalls jetzt schon klar: KI und Machine Learning sind dabei, unser aller Leben nachhaltig zu verändern – in der Wirtschaft, der Wissenschaft, der Medizin und darüber hinaus. Die Frage ist nicht ob, sondern wie wir diese Technologien zum Wohle der Menschheit einsetzen. Lassen Sie uns im nächsten Abschnitt einen optimistischen Blick in die Zukunft wagen und ausloten, welche Verheißungen und Chancen die KI für uns alle bereithält. Wir versprechen Ihnen, es bleibt aufregend!

Die wesentlichen Lerninhalte sind hier nochmals zusammengefasst:

- *Machine Learning beschreibt Systeme, die Muster in Daten erkennen und daraus Modelle erstellen, um Vorhersagen zu treffen oder Entscheidungen zu treffen.*
- *Im Unterschied zu klassischen Ansätzen müssen Regeln nicht manuell programmiert werden, da ML-Systeme diese eigenständig aus Beispieldaten lernen.*
- *Deep Learning, eine spezielle Form des Machine Learning, nutzt neuronale Netzwerke, um komplexe Muster und Zusammenhänge in großen Datenmengen zu analysieren und anzuwenden.*
- *Fortschritte im Deep Learning haben Anwendungen in Bereichen wie Spracherkennung, Bildverarbeitung und autonomen Systemen ermöglicht.*

- *Die Qualität und Menge der verwendeten Daten sind entscheidend für die Leistungsfähigkeit von Machine-Learning- und Deep-Learning-Modellen.*
- *Machine Learning ermöglicht die Bearbeitung komplexer Problemstellungen, die sich nicht durch starre Regeln beschreiben lassen, wie beispielsweise die Analyse natürlicher Sprache.*

2.6 Vorteile und Chancen von KI

Nachdem wir nun tief in die technischen Grundlagen von KI und maschinellem Lernen eingetaucht sind, wollen wir zum Abschluss dieses Kapitels den Blick wieder weiten. Denn bei all der Detailverliebtheit und den philosophischen Fragen dürfen wir nicht vergessen: KI ist zuallererst ein mächtiges Werkzeug, das uns in vielen Bereichen enorme Vorteile und Möglichkeiten eröffnet. Lassen Sie uns gemeinsam ausloten, welche Chancen in dieser Technologie stecken – für Wirtschaft und Gesellschaft, aber auch für jeden Einzelnen von uns.

Beginnen wir mit dem wohl offensichtlichsten Nutzen: KI als Mittel zur Effizienzsteigerung und Kostenersparnis. Ob in der Produktion, der Logistik, dem Kundenservice oder der Verwaltung – überall dort, wo regelbasierte, repetitive Aufgaben anfallen, kann KI Prozesse automatisieren und beschleunigen. Klingt banal, aber die ökonomischen Effekte können enorm sein. Studien gehen davon aus, dass KI das globale BIP bis 2030 um bis zu 15,7 Billionen US-Dollar steigern könnte – mehr als die aktuelle Wirtschaftsleistung von China und Indien zusammen. Auch auf Unternehmensebene ist das Potential gewaltig:

> Laut einer **Studie** von Accenture könnte KI die Profitabilität um durchschnittlich 38 % erhöhen und die Umsätze um bis zu 50 % steigern.

Aber es geht nicht nur um blanke Zahlen. Mindestens ebenso wichtig sind die qualitativen Vorteile von KI. Nehmen wir etwa den medizinischen Bereich: KI-gestützte Diagnosesysteme können Krankheiten oft schneller und zuverlässiger erkennen als menschliche Ärzte – gerade bei seltenen oder komplexen Fällen. In der Arzneimittelforschung helfen Machine-Learning-Modelle dabei, aus Milliarden potenzieller Wirkstoffkandidaten die vielversprechendsten herauszufiltern. Und in der personalisierten Medizin ermöglicht KI maßgeschneiderte Therapien auf Basis des individuellen

2.6 Vorteile und Chancen von KI

Genoms und Stoffwechsels. All das kann die Gesundheitsversorgung verbessern, Kosten senken und im Idealfall Menschenleben retten.

Oder denken wir an den Bereich Bildung und Lernen. Schon heute gibt es KI-gestützte Tutorsysteme, die sich intelligent an den Wissensstand und Lernstil jedes einzelnen Schülers anpassen. Sie erkennen Wissenslücken, geben passgenaues Feedback und ermöglichen so eine Art personalisierten Nachhilfeunterricht für jeden. In Zukunft könnten solche Systeme das Lernen in Schulen und Universitäten revolutionieren – gerade in Ländern, wo der Zugang zu Bildung bislang stark limitiert ist. KI demokratisiert gewissermaßen den Erwerb von Wissen und Fähigkeiten.

> Ein weiteres **Beispiel** ist der Bereich **Klimaschutz und Nachhaltigkeit**. KI kann uns dabei helfen, komplexe Systeme wie das Weltklima besser zu verstehen und Vorhersagen zu treffen. Machine-Learning-Modelle analysieren riesige Mengen an Satellitendaten, um etwa die Entwicklung von Wäldern, Ozeanen, Gletschern zu überwachen. Sie optimieren den Energieverbrauch in Smart Grids und Fabriken. Und sie steuern die Routenplanung, um Verkehrsflüsse und Emissionen zu minimieren. Kurzum: KI ist ein mächtiger Hebel im Kampf gegen den Klimawandel.

Aber KI hat nicht nur Vorteile für bestimmte Branchen oder Bereiche – sie kann unser aller Leben ganz konkret verbessern. Stellen Sie sich intelligente Assistenzsysteme vor, die uns im Alltag unterstützen: KI-gestützte Kalender, die Termine intelligent priorisieren, Chatbots, die rund um die Uhr für alle erdenklichen Fragen zur Verfügung stehen, Empfehlungssysteme, die uns genau die News, Produkte oder Unterhaltung vorschlagen, die zu unserem Geschmack passen. Oder denken Sie an autonome Fahrzeuge, die uns stressfrei und sicher von A nach B bringen und dabei ganz nebenbei unsere Straßen entlasten. KI steigert unsere Lebensqualität durch smarte, personalisierte Services.

Und selbst in Bereichen, die wir eher mit menschlicher Kreativität verknüpfen, kann KI neue Horizonte eröffnen. KI-generierte Kunstwerke gewinnen Preise, Machine-Learning-Tools unterstützen Designer und Architekten. Und sogenannte "kreative KIs" komponieren Musik, schreiben Drehbücher und entwerfen Videospiele. Natürlich wird KI menschliche Kreativität nie vollständig ersetzen – aber sie kann eine faszinierende Inspirationsquelle und Bereicherung sein.

Dies sind nur einige Beispiele und Visionen, wie KI in Zukunft unser aller Leben zum Guten verändern könnte. Aber es soll gar nicht der Eindruck entstehen, KI wäre eine eierlegende Wollmilchsau, die alle Probleme im Handumdrehen löst. Im Gegenteil: Jede mächtige Technik birgt auch Risiken und Herausforderungen. KI kann Jobverluste verursachen, bestehende Ungleichheiten und Diskriminierungen verstärken, zu mehr Überwachung und Fremdbestimmung führen. Und im schlimmsten Fall kann sie in den falschen Händen zur Bedrohung für Sicherheit und Freiheit werden.

Umso wichtiger ist es, dass wir die Entwicklung von KI gesellschaftlich einbetten und aktiv gestalten. Wir brauchen einen breiten öffentlichen Diskurs darüber, welche Art von KI wir wollen und wo wir ethische rote Linien ziehen. Wir müssen sicherstellen, dass die Vorteile der KI allen Menschen zugutekommen und nicht nur einige wenige Großkonzerne oder Eliten davon profitieren. Und wir müssen rechtliche und institutionelle Rahmenbedingungen schaffen, um Fehlentwicklungen zu verhindern – etwa durch Transparenzpflichten, Haftungsregeln und Kontrollmechanismen.

Wir hoffen, dieses Kapitel hat Ihnen gezeigt, welch enormes Potential in der Künstlichen Intelligenz steckt – aber auch, dass wir diese Technologie mit Bedacht und Verantwortung vorantreiben müssen. KI ist weder Heilsbringer noch Horrorszenario, sondern zunächst einmal ein Werkzeug. Ein mächtiges Werkzeug, das ganze Branchen und Lebensbereiche umkrempeln wird. Aber am Ende liegt es an uns Menschen, wie wir damit umgehen und wofür wir es einsetzen.

Eines scheint mir klar: KI hat das Zeug dazu, viele der großen Menschheitsprobleme zu lösen oder zumindest entscheidend zu entschärfen – sei es der Kampf gegen Hunger, Krankheiten und Klimawandel oder die Verbesserung von Bildung, Mobilität und gesellschaftlicher Teilhabe. Aber dafür müssen wir die Chancen der Technologie beherzt ergreifen und klug in die richtigen Bahnen lenken.

Keine leichte Aufgabe, aber eine lohnende – denn sie entscheidet mit über nicht weniger als unsere Zukunft als Menschheit im digitalen Zeitalter. Lassen Sie uns diese Herausforderung gemeinsam angehen – mit Neugier, Optimismus, aber auch mit der nötigen Portion Selbstkritik und ethischer Wachsamkeit. Und mit einer Vision von KI, die uns allen dient, unsere Fähigkeiten erweitert und unser Zusammenleben menschlicher macht.

In diesem Sinne hoffen wir, dass dieses Kapitel Ihnen einen guten Überblick über die Grundlagen, Konzepte und Potentiale von Künstlicher Intelligenz gegeben hat. Natürlich konnten wir hier nur an der Oberfläche

2.6 Vorteile und Chancen von KI

kratzen. Aber wir denken, Sie haben ein Gefühl dafür bekommen, wo die Reise hingeht und warum es sich lohnt, sich mit diesem faszinierenden Feld zu beschäftigen – egal ob aus persönlichem, beruflichem oder gesellschaftlichem Interesse.

Tauchen Sie ein in die Welt der "denkenden" Maschinen, bleiben Sie neugierig und am Ball! Denn eines ist sicher: Sie werden in den kommenden Jahren noch viel von KI hören. Wir stehen gerade erst am Anfang eines Zeitalters, das unsere Welt so radikal verändern könnte wie einst die industrielle Revolution. Lassen Sie uns die Zukunft mit Zuversicht gestalten – es liegt in unserer Hand!

Die wesentlichen Lerninhalte sind hier nochmals zusammengefasst:

- *KI schafft Effizienz, indem sie repetitive Aufgaben automatisiert und dadurch Zeit und Kosten spart.*
- *Im Gesundheitswesen ermöglicht KI präzisere Diagnosen, beschleunigt die Entwicklung neuer Medikamente und unterstützt die personalisierte Medizin.*
- *KI hat das Potenzial, die Produktivität erheblich zu steigern und das globale Wirtschaftswachstum nachhaltig zu fördern.*
- *Lösung globaler Herausforderungen durch KI zur Bewältigung von Problemen wie Klimawandel, Ernährungssicherheit und Bildungslücken bei.*

3 Wie Geschäftsmodelle von KI verändert werden

3.1 Erste Ansatzpunkte

Künstliche Intelligenz ist nicht nur eine technologische Revolution – sie ist auch eine ökonomische. KI hat das Potential, ganze Branchen und Märkte umzukrempeln, alteingesessene Geschäftsmodelle zu zertrümmern und völlig neue Wertschöpfungsketten zu schaffen. In diesem Kapitel wollen wir uns ansehen, wie KI die Art und Weise verändert, wie Unternehmen arbeiten, Wert generieren und mit Kunden interagieren.

> Dabei geht es nicht um Science-Fiction oder ferne Zukunftsmusik. Die Transformation ist bereits in vollem Gange. Laut einer **Studie** von PwC planen 72 % der Unternehmen in Deutschland, in den nächsten Jahren KI-Technologien einzuführen oder haben dies bereits getan. Die Investitionen in KI steigen exponentiell – von $12 Milliarden weltweit in 2017 auf prognostizierte $97.9 Milliarden in 2023. Es ist eine Goldgräberstimmung, getrieben von der Hoffnung auf Effizienzgewinne, neue Umsatzquellen und Wettbewerbsvorteile durch KI.

Aber was bedeutet das konkret? Wie genau kann KI Geschäftsmodelle verändern und verbessern? Um das zu verstehen, ist es hilfreich, sich zunächst vor Augen zu führen, was die Essenz eines Geschäftsmodells ausmacht. Im Kern geht es darum, wie ein Unternehmen Wert für Kunden schafft und daraus selbst einen Ertrag generiert.

Dies umfasst typischerweise vier Schlüsseldimensionen:

1. **Das Wertangebot (Value Proposition):** Welchen Nutzen oder welches Bedürfnis erfüllt das Unternehmen für seine Kunden?
2. **Die Wertschöpfung (Value Creation):** Wie wird dieser Wert erschaffen, d. h. welche Ressourcen, Aktivitäten und Partner sind dafür nötig?
3. **Die Wertlieferung (Value Delivery):** Wie gelangt der Wert zum Kunden, d. h. über welche Kanäle und Kundenbeziehungen?
4. **Die Wertabschöpfung (Value Capture):** Wie verdient das Unternehmen Geld aus dem geschaffenen Wert, d. h. welche Ertragsmodelle gibt es?

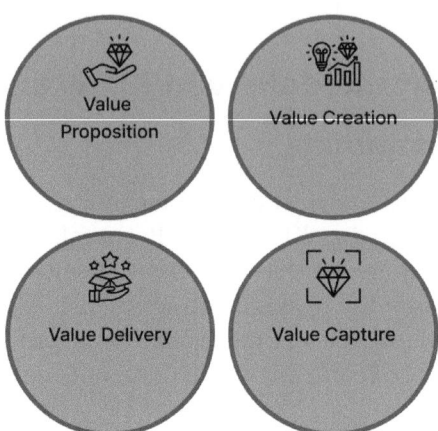

Abb. 8: Wie KI die vier Dimensionen eines Geschäftsmodells transformiert

Diese vier Dimensionen bilden das Rückgrat jedes Geschäftsmodells. Und in allen vier Bereichen kann KI als "Game Changer" wirken, indem sie völlig neue Möglichkeiten eröffnet – sei es für effizientere Wertschöpfung, personalisierte Wertangebote, intelligentere Wertlieferung oder datengetriebene Ertragsmodelle.

Stellen Sie sich zum Beispiel ein Unternehmen vor, das Haushaltsgeräte herstellt. Bisher bestand sein Wertangebot darin, hochwertige, langlebige Geräte zu produzieren und zu verkaufen. Durch den Einsatz von KI könnte es nun sein Geschäftsmodell komplett umkrempeln:

- Anstatt Geräte nur zu verkaufen, bietet es nun "Haushalts-as-a-Service" an – also Zugang zu smarten, KI-gesteuerten Geräten auf Abonnementbasis. Die Geräte warten selbstständig, melden Fehler vorsorglich und passen ihr Verhalten intelligent an die Bedürfnisse der Nutzer an.
- In der Wertschöpfung setzt das Unternehmen auf Predictive Maintenance – KI analysiert Sensordaten, erkennt drohende Ausfälle im Voraus und optimiert so Wartung und Ersatzteilmanagement. Auch die Produktentwicklung nutzt KI, um aus Nutzungsdaten zu lernen und neue Features zu priorisieren.
- Die Kundenbeziehung wandelt sich vom einmaligen Verkauf hin zu einer dauerhaften, datengetriebenen Interaktion. KI-Assistenten beantworten Fragen, geben personalisierte Tipps zur Nutzung und machen proaktiv Zusatzangebote.

3.1 Erste Ansatzpunkte

- Ertragsquellen sind nicht mehr nur Produktverkäufe, sondern wiederkehrende "Haushalts-Abos", Pay-per-Use-Modelle für Zusatzservices sowie Lizenzierung der eigenen Plattform und Daten an Dritte.

Aus einem traditionellen Produktgeschäft wird so ein KI-getriebenes, serviceorientiertes "Ökosystem" mit völlig neuen Wertversprechen, Kundenbeziehungen und Ertragsströmen. Und was hier am Beispiel der Haushaltsbranche beschrieben ist, lässt sich auf praktisch jede Industrie übertragen – von der Mobilität über die Medizin bis hin zu Finanzdienstleistungen oder dem Handel.

Im Kern geht es darum, durch KI Produkte in Services zu verwandeln, monotone Prozesse zu automatisieren, aus Daten zu lernen und Beziehungen zu Kunden neu zu gestalten. So entstehen intelligente, sich selbst verbessernde Systeme, die kontinuierlich Mehrwert für alle Beteiligten schaffen – Unternehmen, Kunden, Partner. Dadurch verschwimmen klassische Branchengrenzen, es entstehen neue Wettbewerbslandschaften und Kooperationsformen.

Begleiten Sie mich nun auf eine Reise durch sechs Schlüsselbereiche, in denen KI die Transformation von Geschäftsmodellen besonders stark vorantreibt. Von datenbasierten Services über Personalisierung und Automatisierung bis hin zu neuen Marktchancen und ganzheitlichen Ökosystemen – wir versprechen Ihnen spannende Einblicke und überraschende Fallbeispiele.

Dabei werden wir immer wieder auf ein zentrales Thema stoßen: Daten als Treibstoff und Herzstück der KI-Revolution. Denn letztlich sind es die Daten – und die Fähigkeit, aus ihnen zu lernen und Mehrwert zu generieren – die über Erfolg oder Misserfolg von Unternehmen im Zeitalter der Algorithmischen Wirtschaft entscheiden werden. Wer seine Datenschätze intelligent nutzt und teilt, wer Kundenbeziehungen und Wertschöpfungsprozesse um KI herum neu orchestriert, der hat beste Chancen, die Zukunft zu meistern.

Doch Vorsicht: Der Weg ist kein Spaziergang. Unternehmen müssen bereit sein, sich radikal zu wandeln, alte Erfolgsrezepte über Bord zu werfen und sich komplett neu zu erfinden. Sie brauchen den Mut, ihre angestammten Kerngeschäfte zu kannibalisieren, bevor es andere tun. Und sie müssen völlig neue Fähigkeiten und Denkweisen entwickeln – technologisch, organisatorisch und kulturell.

Aber die Mühen lohnen sich. Denn wer den Sprung ins KI-Zeitalter schafft, für den eröffnen sich ungeahnte neue Wachstumschancen. Lassen Sie uns gemeinsam erkunden, wie Ihr Unternehmen KI nutzen kann, um seine Geschäftsmodelle zu transformieren, Kunden zu begeistern und im Wettbewerb zu glänzen. Die Reise beginnt jetzt!

3.2 Die Rolle der KI bei der Transformation von Geschäftsmodellen

Bevor wir uns spezifische Anwendungsfälle und Branchen anschauen, lassen Sie uns ein paar Schritte zurücktreten und ein grundsätzliches Verständnis dafür entwickeln, wie KI Geschäftsmodelle verändert. Was genau macht diese Technologie zum Katalysator für neue Wertschöpfung und Disruption? Für mich lassen sich fünf große Stellhebel identifizieren:

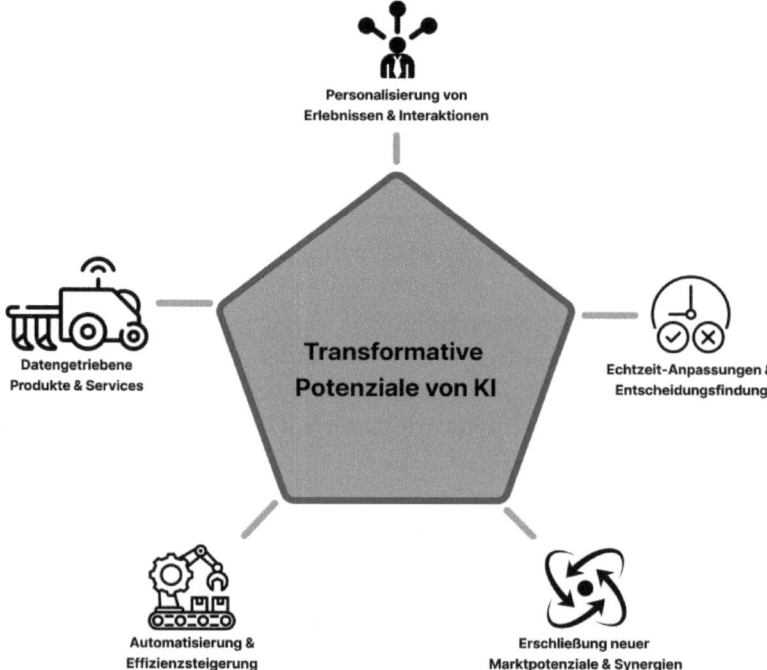

Abb. 9: Wie KI Geschäftsmodelle transformiert: Von datengetriebenen Produkten bis hin zur Erschließung neuer Marktpotenziale

3.2 Die Rolle der KI bei der Transformation von Geschäftsmodellen

1. **KI ermöglicht neuartige, datengetriebene Produkte und Services.**
   - Durch die Analyse riesiger Datenmengen generiert KI Erkenntnisse und Mehrwerte, die weit über klassische Leistungsangebote hinausgehen. So wird aus einem Haushaltsgerät eine smarte Serviceplattform, aus einem Auto ein self-learning Mobilitätsassistent. Die Grenzen zwischen Produkt und Service, zwischen Hardware und Software verschwimmen. Das Wertangebot für Kunden wird ganzheitlicher, vernetzter – und oft immaterieller.
   - Nehmen Sie etwa Precision Farming: John Deere verkauft nicht nur Traktoren, sondern zunehmend datenbasierte Agrardienstleistungen. Smarte Landmaschinen, ausgestattet mit Sensoren und KI, analysieren Bodenbeschaffenheit, Wetter und Pflanzenwuchs und geben automatisiert Empfehlungen zur optimalen Bewirtschaftung – für mehr Effizienz und Nachhaltigkeit. Nicht die Maschine allein, sondern die intelligente Nutzung der Daten ist der eigentliche Mehrwert.
2. **KI befähigt zu Echtzeit-Anpassungen und Entscheidungsfindung.**
   - Durch das kontinuierliche Lernen aus Datenströmen können KI-Systeme blitzschnell auf Veränderungen reagieren und autonome Entscheidungen treffen – in einer Geschwindigkeit und Granularität, die für Menschen unmöglich wäre. Denken Sie an dynamische Preissetzung im Handel, an Predictive Maintenance in der Industrie oder an selbst optimierende Marketingkampagnen. Überall dort, wo es um hochfrequente, komplexe Entscheidungen geht, wird KI zum Game Changer.
   - Ein Vorreiter ist hier die Versicherungsbranche: Firmen wie Lemonade nutzen KI, um Risiken in Echtzeit zu bewerten, Policen individuell zuzuschneiden und Schäden automatisiert zu regulieren. Kunden erhalten sofort maßgeschneiderte Angebote und müssen im Schadenfall nicht mehr auf wochenlanges Prozedere warten. Gleichzeitig optimiert KI im Hintergrund ständig Tarife, Betrugsbekämpfung und Ressourceneinsatz. Ein komplett neues Level von Agilität und Effizienz.
3. **KI personalisiert Erlebnisse und Interaktionen.**
   - Dank Mustererkennung und prädiktiver Analytik kann KI individuelle Vorlieben, Bedürfnisse und Verhaltensweisen der Nutzer erkennen und darauf eingehen. So werden Massenprodukte zu "Losgröße 1", generische Ansprachen zu "Segments of One". Ob

personalisierte Empfehlungen im E-Commerce, individuelles Coaching durch smarte Assistenten oder passgenaue Therapien in der Medizin – KI schafft Relevanz und Resonanz auf einer völlig neuen Ebene.
- **Paradebeispiel ist Netflix**: Durch intelligente Analyse des Nutzerverhaltens schneidet der Streaming-Dienst Filmempfehlungen, Teasertexte und sogar Thumbnails individuell auf jeden Kunden zu. KI erkennt Muster und Präferenzen, die dem Nutzer selbst oft nicht bewusst sind – und schafft damit magische Momente. Das Ergebnis sind höheres Engagement, geringere Kündigungsraten und zufriedenere Kunden.

4. KI automatisiert Prozesse und steigert die Effizienz.
    - Durch Übernahme repetitiver Aufgaben und intelligente Optimierung von Ressourcen kann KI Abläufe enorm rationalisieren und beschleunigen. Robotic Process Automation (RPA) in Kombination mit KI-gestützter Entscheidungsfindung automatisiert komplexe End-to-End-Prozesse, von der Auftragsannahme bis zum Kundenservice. Intelligente Prognoseverfahren verbessern die Produktionsplanung, Logistik und Lieferketten. Und generative KI ermöglicht die automatische Erstellung von Inhalten, Code oder Designs.
    - **Ein Pionier in diesem Feld ist UiPath**: Der RPA-Spezialist bietet eine Plattform, auf der Unternehmen intelligente Software-Roboter entwickeln und einsetzen können. Diese virtuellen Assistenten übernehmen manuelle Routinetätigkeiten wie Dateneingaben, Antragsbearbeitungen oder Reportings – oft schneller und zuverlässiger als Menschen. Durch Machine Learning werden die Bots mit der Zeit immer besser. So lässt sich der Großteil eines Backoffice weitgehend automatisieren.

5. KI erschließt ungenutzte Marktpotenziale und Synergien.
    - KI hilft dabei, in riesigen unstrukturierten Datenbeständen verborgene Zusammenhänge und Chancen zu entdecken. So lassen sich ganz neue Kundensegmente, Produktkombinationen oder Anwendungsfelder identifizieren. Mithilfe von Sentiment Analysis und Trendprognosen erspürt KI frühzeitig Marktveränderungen und Kundenbedürfnisse. Und durch intelligente Verknüpfung von Daten über Unternehmensgrenzen hinweg werden Synergien und Kooperationsmöglichkeiten sichtbar.

3.2 Die Rolle der KI bei der Transformation von Geschäftsmodellen

- Spannend ist hier z. B. der Finanzsektor: Indem Banken und FinTechs mittels KI ihre Daten intelligent zusammenführen und auswerten, können sie völlig neue Services entwickeln – von der Liquiditätsplanung für Privathaushalte bis zur Risikobewertung für Unternehmen. KI wird zum Enabler eines vernetzten Finanz-Ökosystems, in dem die Grenzen zwischen Instituten und Branchen verschwimmen. Der Kunde erhält ganzheitliche, bedarfsgerechte Lösungen aus einer Hand.

Diese fünf Hebel – datenbasierte Services, Echtzeit-Intelligenz, Personalisierung, Automatisierung und Synergien – stehen exemplarisch für das transformative Potenzial von KI. Sicher ließen sich noch weitere Muster identifizieren. Entscheidend ist aber: In der Kombination ermöglichen diese Fähigkeiten völlig neue Spielarten der Wertschöpfung. Nicht inkrementelle Verbesserungen sind das Ziel, sondern radikale Innovationen des Geschäftsmodells.

Dabei kommt es auf die richtige Orchestrierung an: Die Kunst besteht darin, die KI-Instrumente geschickt zu kombinieren und auf die eigene Wertschöpfungskette anzuwenden. Es gibt nicht die eine Universal-Lösung. Jedes Unternehmen muss seinen eigenen Weg finden, um durch KI einzigartige Werte für Kunden und das eigene Ökosystem zu schaffen – sei es durch hyperpersonalisierte Produkte, Echtzeit-Services oder nahtlos automatisierte Prozesse. Die Kombinationsmöglichkeiten sind schier endlos.

> Lassen Sie uns das an einem **fiktiven Beispiel** illustrieren:
> Nehmen wir an, Sie sind Hersteller von Industriepumpen. Bisher bestand Ihr Geschäftsmodell darin, Pumpen zu entwickeln, zu produzieren und zu verkaufen, ergänzt um Wartungsverträge. Doch nun wollen Sie KI einsetzen, um neue Werte zu schaffen.
> Ein erster Schritt könnte sein, Ihre Pumpen mit Sensoren und einer Datenplattform auszustatten. Dadurch können Sie Betriebsdaten wie Durchflussmengen, Temperaturen oder Vibrationen erfassen und auswerten. Mithilfe von Machine Learning erkennen Sie Verschleißmuster frühzeitig und bieten vorausschauende Wartung an – Ihr Service wird proaktiver und effizienter.
> Doch dabei belassen Sie es nicht: Die gesammelten Daten erlauben Ihnen nun, ein ganz neues Wertangebot zu schnüren. Statt Pumpen zu verkaufen, bieten Sie "Pumpkapazität as a Service". Der Kunde

zahlt nur noch für die tatsächlich geförderte Menge – völlig risikofrei. Möglich wird das durch KI-gestützte Echtzeit-Überwachung und bedarfsgerechte Steuerung der Pumpen.
Gleichzeitig nutzen Sie die Betriebsdaten, um Ihre Pumpen kontinuierlich zu verbessern. KI analysiert Leistungsprofile, identifiziert Best Practices und leitet daraus Optimierungen für Material, Design und Steuerung ab. Selbst Kleinserien werden durch intelligente Automatisierung rentabel – Ihre Produktion wird hochflexibel.
Und Sie gehen noch einen Schritt weiter: Durch KI-gestützte Vernetzung Ihrer Plattform mit den Systemen von Zulieferern und Kunden entstehen völlig neue Services. Beispielsweise eine vorbeugende Anpassung der Pumpenleistung an prognostizierte Bedarfsschwankungen in der Lieferkette. Oder die Optimierung des Gesamtsystems Fabrik durch übergreifende Datenintegration und -analyse. Aus dem Pumpenlieferanten wird der Enabler durchgängiger Prozessexzellenz.

Wie Sie sehen, bedeutet "KI-Transformation des Geschäftsmodells" viel mehr als das bloße Digitalisieren existierender Produkte und Abläufe. Es geht darum, durch intelligente Verknüpfung und Auswertung von Daten neue Wertschöpfungsräume zu erschließen – intern wie extern. Der kreative, unternehmerische Blick ist gefragt:

- Wo schlummern in unserem Ökosystem ungenutzte Datenschätze?
- Wie können wir durch KI überlegene Kundenerlebnisse schaffen?
- Welche Allianzen und Plattformen ermöglichen exponentielle Wertschöpfung?

Die Antworten darauf sind so vielfältig wie individuell. Aber eines ist sicher: KI ist der Schlüssel, um in der Welt von morgen zu bestehen. Denn im Wettbewerb der Zukunft zählen nicht mehr Kostenführerschaft oder Produktmerkmale, sondern die Fähigkeit, Daten intelligent zu nutzen und sich permanent neu zu erfinden. Unternehmen, die das verinnerlicht haben, werden die Gewinner sein.

Im nächsten Abschnitt wollen wir diese Erkenntnisse vertiefen und anhand konkreter Beispiele greifbar machen. Dabei werden wir immer wieder auf die fünf Grundmuster zurückkommen: Datenbasierte Services, Echtzeit-Intelligenz, Personalisierung, Automatisierung und Synergien.

Freuen Sie sich auf einen spannenden Streifzug durch die Welt datengetriebener Geschäftsmodelle – von Predictive Maintenance in der Industrie über hyperpersonalisierte Kauferlebnisse im Handel bis hin zu KI-gestützter Kreislaufwirtschaft. Sie werden sehen: Die Möglichkeiten sind schier grenzenlos. Man muss sie nur zu nutzen wissen.

Und genau dabei möchten wir Sie in diesem Buch unterstützen. Schritt für Schritt wollen wir ein Verständnis dafür entwickeln, wie Sie durch den klugen Einsatz von KI einzigartige Werte für Ihre Kunden, Ihr Unternehmen und die Gesellschaft als Ganze schaffen können. Dabei werden wir immer auch die Schattenseiten und Risiken beleuchten. Denn eines ist klar: Mit der Macht der KI wächst auch die Verantwortung – für den ethischen, inklusiven und nachhaltigen Einsatz dieser Technologie.

Lassen Sie uns dieses Abenteuer gemeinsam angehen – mit Neugier, Mut und einem Kompass aus Werten. Wir versprechen Ihnen: Es wird sich lohnen, sowohl für Ihr Business als auch für unsere Gesellschaft.

Die wesentlichen Lerninhalte sind hier nochmals zusammengefasst:

- *Strategische verändert KI Geschäftsmodelle grundlegend, indem sie neue Möglichkeiten zur Wertschöpfung und Effizienzsteigerung bietet.*
- *Unternehmen müssen KI als strategisches Element ihrer Geschäftsmodelle integrieren, um wettbewerbsfähig zu bleiben.*
- *KI trägt dazu bei, personalisierte und verbesserte Kundenerlebnisse zu schaffen, die zu höherer Kundenzufriedenheit führen.*
- *Durch den Einsatz von KI können Unternehmen neue Märkte erschließen und innovative Geschäftsmodelle entwickeln.*

3.3 Datenbasierte Geschäftsmodelle und neue Wertschöpfungsketten

Kommen wir nun zum ersten konkreten Gestaltungsfeld von KI-getriebenen Geschäftsmodellen: der Entwicklung datenbasierter Produkte und Services. Dies ist gewissermaßen die Königsdisziplin – denn hier geht es nicht nur darum, bestehende Angebote zu optimieren. Vielmehr entstehen durch intelligente Datennutzung oft völlig neue Leistungen und Märkte. Daten werden zur Basis neuer Wertschöpfung.

Ein anschauliches **Beispiel** dafür ist die **Transformation der Landwirtschaft** durch sogenannte "Smart Farming"-Anwendungen. Traditionell war die Agrarbranche geprägt von Erfahrungswissen, Intuition und groben Faustregeln. Daten, wenn überhaupt vorhanden, waren fragmentiert und ungenutzt. Mit KI ändert sich das nun grundlegend. Nehmen wir das Startup Plantix: Dessen gleichnamige App ermöglicht es Landwirten, Schädlinge und Krankheiten an ihren Nutzpflanzen frühzeitig zu erkennen – und das völlig automatisiert. Der Bauer macht einfach ein Foto des befallenen Blatts, lädt es in der App hoch und erhält innerhalb von Sekunden eine KI-gestützte Diagnose sowie konkrete Behandlungsempfehlungen. Möglich wird das durch Deep Learning-Algorithmen, die anhand einer riesigen Bilderdatenbank trainiert wurden.

Was wie ein simpler Foto-Filter wirkt, entpuppt sich bei näherem Hinsehen als Basis eines völlig neuen Geschäftsmodells. Denn Plantix, das Unternehmen hinter der App, hat verstanden: Der eigentliche Wert steckt nicht in der App selbst, sondern in den Daten, die sie generiert. Jedes hochgeladene Bild, jede Diagnose, jede Interaktion liefert wertvolle Echtzeit-Informationen über den Zustand von Pflanzenbeständen und die Ausbreitung von Schaderregern – weltweit und in nie dagewesener Granularität.

Indem Plantix diese Daten intelligent auswertet und kombiniert, schafft das Startup einzigartige neue Angebote für verschiedene Akteure:

- Landwirte erhalten datenbasierte Entscheidungshilfen, etwa zur präventiven Schädlingsbekämpfung oder optimalen Ernte – individuell zugeschnitten auf ihre Felder und Kulturen.
- Agrarhändler und Pflanzenschutzmittelhersteller können ihre Lager- und Logistikplanung durch präzise Prognosen von Krankheitsverläufen optimieren.
- Züchter nutzen die Daten zur Entwicklung resistenterer Sorten, indem sie Muster in der Anfälligkeit bestimmter Pflanzengene identifizieren.
- Versicherungen erstellen datengetriebene Risikomodelle und bieten passgenaue Policen für Ernteausfälle.
- Öffentliche Stellen überwachen mithilfe der Daten Schädlingspopulationen und können im Ernstfall schnell reagieren.

3.3 Datenbasierte Geschäftsmodelle und neue Wertschöpfungsketten

Wie Sie sehen, entsteht hier ausgehend von einer simplen App ein ganzes Ökosystem datenbasierter Services – mit Plantix als zentralem Enabler und Orchestrator. Die Daten sind der Schlüssel, um Wertschöpfungsnetzwerke neu zu denken und bisher isolierte Akteure intelligent zu verknüpfen. An die Stelle linearer Ketten treten dynamische "Value Meshes", die flexibel auf Änderungen reagieren können. Der Kunde – in diesem Fall der Landwirt – erhält ganzheitliche Lösungen aus einer Hand.

Das Beispiel zeigt mustergültig, wie KI hilft, schlummernde Datenschätze zu heben und als Basis für innovative Geschäftsmodelle zu nutzen. Und es steht stellvertretend für eine Entwicklung, die wir in allen Branchen beobachten können: Die Grenzen zwischen traditionellen Sektoren lösen sich auf, neue Wertschöpfungsnetzwerke entstehen. Getrieben von datenbasierten Services und orchestriert von digitalen Plattformen.

Konkret lassen sich vier Grundtypen solcher "Data-Driven Business Models" unterscheiden:

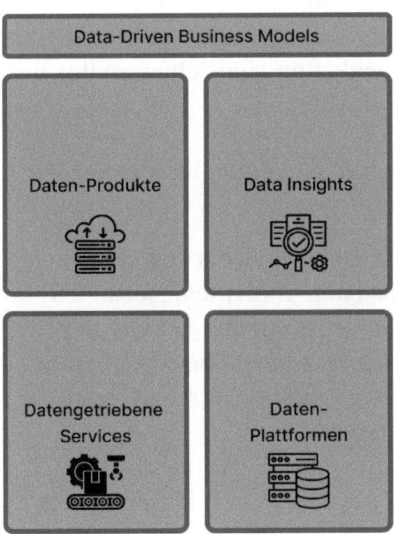

Abb. 10: Die vier Grundtypen datengetriebener Geschäftsmodelle: Von Daten als Ware bis hin zu Plattformen als Infrastruktur

1. **Daten-Produkte:** Hier werden Daten selbst zur Ware, etwa in Form von Datenpaketen, APIs oder Analysediensten. Ein Beispiel wären Verkehrsdaten, die von Navigation-Apps an Städte und Mobilitätsanbieter verkauft werden.
2. **Datengetriebene Services:** Bestehende Produkte oder Services werden durch die Integration von KI-Funktionen aufgewertet und personalisiert. Beispiele sind die vorausschauende Wartung von Industrieanlagen oder datenbasierte Finanzberatung.
3. **Data Insights:** Hier geht es darum, aus der Analyse großer Datenbestände neue Erkenntnisse und Entscheidungsgrundlagen zu gewinnen. Etwa für die Optimierung von Lieferketten, die Prognose von Kundenverhalten oder die Entwicklung neuer Produkte.
4. **Datenplattformen:** Sie bilden die Infrastruktur für die anderen Modelle, indem sie Daten verschiedener Akteure aggregieren, aufbereiten und Mehrwertdienste darauf aufbauen. Beispiele sind Industrieplattformen wie Mindsphere von Siemens oder die Agrarplattform Fieldview von Climate Corporation.

Alle diese Spielarten haben eines gemeinsam: Sie nutzen Daten, Analysetechniken und Algorithmen, um neue Werte zu schaffen – sei es in Form von Effizienz, Customer Experience, Personalisierung oder gänzlich neuen Angeboten. Die Möglichkeiten sind schier endlos und wir stehen hier erst am Anfang einer Entwicklung.

> Lassen Sie uns anhand einiger weiterer **Beispiele** ausloten, wohin die Reise gehen könnte:
>
> – Stellen Sie sich eine Versicherung vor, die auf Basis von Sensor- und Verhaltensdaten individualisierte "Pay as you live"-Policen anbietet. Wer einen gesunden Lebensstil pflegt, wenig Auto fährt oder sein Zuhause smart überwacht, zahlt dann weniger. Der Versicherer wiederum kann durch KI-gestützte Risikomodelle seine Margen optimieren.
> – Oder nehmen Sie eine Bank, die auf Basis der Finanzdaten ihrer Kunden ganz neue Services kreiert – etwa eine automatische Haushaltsoptimierung, die intelligent Sparpotentiale identifiziert. Durch die Verknüpfung mit externen Daten, z. B. zu anstehenden Anschaffungen, entsteht ein Rundum-Finanzassistent, vom Konto über Versicherungen bis hin zu maßgeschneiderten Krediten.

- Auch im Handel eröffnen datengetriebene Modelle neue Horizonte. Marktplätze und Hersteller verwandeln sich in Lifestyle-Plattformen, die die Präferenzen und Gewohnheiten ihrer Kunden ganzheitlich verstehen und bedienen. Auf Basis der Analyse von Kaufhistorien, Suchanfragen, Social Media-Daten etc. entstehen hyperpersonalisierte Angebote, proaktive Empfehlungen oder automatisierte Nachbestellungen.

Diese Beispiele zeigen: Die kreativen Möglichkeiten für datenbasierte Geschäftsmodelle sind riesig. Und sie beschränken sich nicht auf bestimmte Branchen. Ob in der Industrie, der Medizin, dem Handel oder der Verwaltung: Überall dort, wo Daten anfallen, lassen sich durch intelligente Analyse und die Entwicklung neuer Services Werte heben – für Unternehmen, Kunden und Partner.

Entscheidend ist dabei ein Denken in Ökosystemen statt in linearen Wertschöpfungsketten. Es geht darum, Daten und Kompetenzen partnerschaftlich und sektorübergreifend zu teilen und zu orchestrieren. Denn oft entsteht der größte Mehrwert gerade an den Schnittstellen – wenn etwa Produktionsdaten mit Logistikinformationen kombiniert werden oder medizinische Daten in Versicherungsmodelle einfließen. Wertschöpfung wird zunehmend fluide, modular und kollaborativ.

Damit verändern sich auch die Rollen von Unternehmen. An die Stelle von starren Zulieferer-Abnehmer-Beziehungen treten dynamische Partnerschaften auf Augenhöhe. Der Kunde wird zum aktiven Co-Kreator von Angeboten. Und aus Produktherstellern werden Lösungsanbieter und Plattform-Orchestratoren. Die Fähigkeit zur Kollaboration und "Co-Opetition" – also der gleichzeitigen Zusammenarbeit und Konkurrenz – wird zum strategischen Schlüsselfaktor.

All dies erfordert ein radikales Umdenken in Unternehmen. Es braucht den Mut, alte Branchengrenzen zu sprengen und sich auf neue Partner und Modelle einzulassen. Es braucht die Bereitschaft, die eigenen Daten und Prozesse zu öffnen und mit anderen zu teilen. Und es braucht neue Fähigkeiten, um Daten intelligent zu nutzen, neue Services zu entwickeln und partnerschaftliche Ökosysteme zu orchestrieren.

Kurzum: Der Übergang zu datenbasierten, KI-getriebenen Geschäftsmodellen ist eine gewaltige Herausforderung – technisch, organisatorisch, kulturell. Aber er ist auch eine riesige Chance. Denn wer es schafft, die Potenziale von Daten und KI konsequent zu heben und partnerschaftlich zu nutzen, der hat beste Aussichten, die Märkte der Zukunft zu prägen.

Die wesentlichen Lerninhalte sind hier nochmals zusammengefasst:

- *Datenbasierte Geschäftsmodelle bieten individualisierte Lösungen, etwa für Schädlingsbekämpfung oder Ernteplanung in der Landwirtschaft.*
- *KI hilft bei der Optimierung von Lieferketten und dabei präzisere Prognosen zu erstellen und Logistik sowie Bestandsmanagement effizienter zu gestalten.*
- *Der zentrale Wert datenbasierter Geschäftsmodelle liegt in der intelligenten Analyse und Kombination von Daten, die neue Geschäftsmöglichkeiten eröffnet.*
- *KI ermöglicht die Umwandlung von Daten in wertvolle Informationen, die innovative Dienstleistungen und Märkte schaffen.*

3.4 Personalisierung und Individualisierung als Wettbewerbsvorteil

Neben datenbasierten Services ist die Personalisierung von Angeboten und Kundeninteraktionen ein weiteres Kraftzentrum KI-getriebener Geschäftsmodelle. Dabei geht es im Kern darum, Produkte, Services und Kommunikation passgenau auf die individuellen Bedürfnisse, Präferenzen und Kontexte des einzelnen Nutzers zuzuschneiden – in Echtzeit und in großer Granularität.

Ermöglicht wird dies durch die Fähigkeit von KI-Systemen, riesige Datenmengen über Kunden intelligent miteinander zu verknüpfen und daraus Rückschlüsse auf deren Verhalten, Wünsche und Lebensumstände zu ziehen. Kaufhistorien, Browsing-Verhalten, Smartphone-Nutzung, Social Media-Interaktionen, demografische Informationen – all diese Datenpunkte werden

3.4 Personalisierung und Individualisierung als Wettbewerbsvorteil

zu einem ganzheitlichen Profil verdichtet, das eine höchst individuelle Ansprache und Angebotsgestaltung erlaubt.

Das Spektrum reicht dabei von personalisierten Produktempfehlungen über individualisierte Preise und Konditionen bis hin zu vollständig automatisierten Services, die sich in Echtzeit an die Situation des Nutzers anpassen. Stets mit dem Ziel, Relevanz und Mehrwert für den Einzelnen zu maximieren – und damit Zufriedenheit, Loyalität und Umsatz zu steigern.

Die Vorreiter dieser Entwicklung sind die großen digitalen Plattformen wie Amazon, Netflix oder Spotify. Deren Erfolg basiert zu einem Gutteil darauf, jedem Nutzer ein maßgeschneidertes Erlebnis zu bieten – sei es durch personalisierte Empfehlungen, individuelle Startseiten oder dynamisch generierte Playlists.

> Nehmen wir **Netflix als Beispiel**, um zu verstehen, wie KI-gestützte Personalisierung in der Praxis funktioniert:
> Stellen Sie sich vor, Sie sind ein Netflix-Nutzer und haben gerade die Serie "Stranger Things" zu Ende geschaut. Was passiert nun im Hintergrund?
> Zunächst erfasst das KI-System Ihr Sehverhalten: Welche Folgen haben Sie wie lange und zu welcher Tageszeit angeschaut? An welchen Stellen haben Sie vor- oder zurückgespult? Welche Szenen haben Sie mehrfach gesehen? All diese Interaktionen sind wertvolle Datenpunkte, die Aufschluss über Ihre Präferenzen geben.
> Doch dabei bleibt es nicht: Die KI verknüpft Ihr Verhalten mit einer Vielzahl weiterer Informationen. Zum einen mit Metadaten zur Serie selbst, etwa Genres, Stimmung, beteiligte Schauspieler oder Themen. Zum anderen mit Ihrem bisherigen Nutzerprofil: Welche Serien und Filme haben Sie in der Vergangenheit positiv bewertet? Wo liegen Ihre Interessenschwerpunkte? In welcher Stimmung und zu welcher Tageszeit schauen Sie meist?
> Aus der Kombination all dieser Signale erstellt die KI ein detailliertes Modell Ihrer Vorlieben und Gewohnheiten. Dieses Modell gleicht sie nun in Echtzeit mit dem riesigen Katalog an verfügbaren Titeln ab, um die für Sie relevantesten Inhalte zu identifizieren. Das können Serien mit ähnlichem Genre-Mix sein, Filme mit Ihren Lieblingsschauspielern oder Dokumentationen zu Themen, die Sie interessieren.
> Doch damit nicht genug: Auch die Art und Weise, wie diese Empfehlungen präsentiert werden, passt Netflix individuell an. Durch A/B-Tests

und Feedback-Schleifen hat die KI gelernt, mit welchen Bildern, Trailern und Textbeschreibungen Sie am ehesten interagieren. Vielleicht sprechen Sie emotionale Thumbnails an, ein anderer Nutzer bevorzugt Actionszenen. All das fließt in die optimierte, persönliche Darstellung der Vorschläge ein.

Ergebnis ist ein Netflix-Erlebnis, das sich von Nutzer zu Nutzer stark unterscheidet und dynamisch mitentwickelt. Ein Ereignis wie das Ende einer Serie setzt eine Kaskade von Aktionen im Hintergrund in Gang, die in Sekundenbruchteilen zu einem aktualisierten, maßgeschneiderten Angebot führen.

Dieses Beispiel illustriert das Grundprinzip datengetriebener Personalisierung: Durch die intelligente Analyse von Kundenverhalten und -kontext optimale individuelle Erlebnisse in Echtzeit zu schaffen. Was bei Netflix Sehgewohnheiten sind, können in anderen Branchen Einkaufshistorien, Bewegungsdaten oder Social-Media-Aktivitäten sein.

Die zugrunde liegende technische Infrastruktur ist in der Regel ein komplexes Zusammenspiel verschiedener KI-Komponenten:

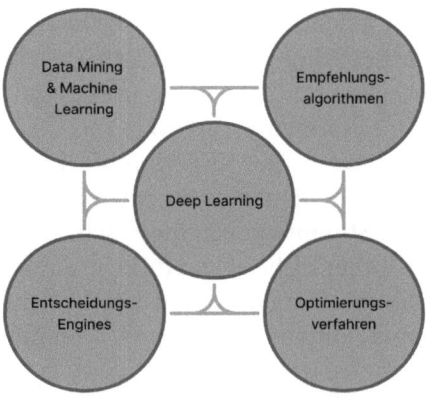

Abb. 11: Schlüsseltechnologien der KI-gestützten Personalisierung: Von Mustererkennung bis zur Echtzeitanpassung

- Data Mining und Machine Learning zur Identifikation relevanter Muster und Cluster in den Nutzerdaten
- Empfehlungsalgorithmen, die auf Basis von Ähnlichkeiten und gelernten Präferenzen passende Produkte oder Inhalte vorschlagen

- Entscheidungs-Engines, die Angebote, Preise oder Kommunikation in Echtzeit an den Einzelfall anpassen
- Deep Learning zur Analyse unstrukturierter Daten wie Bilder, Texte oder Videos und zur Generierung individualisierter Inhalte
- A/B-Testing- und Optimierungsverfahren, um die Personalisierungslogik fortlaufend zu verfeinern

> Im Zusammenspiel schaffen es diese Systeme, aus einem Meer von Daten höchst individuelle Kundenerlebnisse zu kreieren – oft ohne explizite Regeln oder Annahmen, sondern durch kontinuierliche Rückkopplung und Optimierung.

Das Ergebnis: Personalisierung wird von einer einmaligen Aktion zur Dauerschleife. Jeder Kontaktpunkt liefert neue Datenpunkte, die sofort in aktualisierte Angebote und Services einfließen. Der Kunde fühlt sich verstanden und geschätzt, die Interaktion mit dem Unternehmen wird zur Beziehung.

Die Kraft von KI liegt dabei in der Fähigkeit, selbst subtilste Verhaltenssignale zu erfassen und in riesiger Geschwindigkeit auszuwerten. So können Muster erkannt und Schlüsse gezogen werden, die manuell nie möglich wären. Natürlich gab es Personalisierung in Ansätzen auch schon vor dem KI-Zeitalter – aber nie in dieser Granularität, Echtzeit-Dynamik und Skalierbarkeit.

Dabei darf man sich KI-basierte Personalisierung nicht als sterile Rechenoperation vorstellen. Im Gegenteil – in Verbindung mit kreativen Elementen entstehen einzigartige, berührende Erlebnisse, die Kunden überraschen und begeistern.

Stellen Sie sich folgende **Beispiele** vor:

- Ein Reiseportal schlägt Ihnen nicht nur Hotels vor, die Ihrem üblichen Geschmack entsprechen – sondern erkennt Ihren Wunsch, mal etwas Neues auszuprobieren und kreiert ein abwechslungsreiches Paket aus vertrauten und ungewohnten Elementen.
- Ein Shoppingcenter begrüßt Sie mit Ihrer Lieblingsmusik und Lichtinstallationen in Ihren Lieblingsfarben – ermöglicht durch die Verknüpfung von Smartphone-Standortdaten mit Ihrem Einkaufsprofil und Social Media-Likes.

- Eine Fitness-App erkennt aus Ihrer Herzfrequenz, Ihrem Stresslevel und Kalender, dass Sie heute besonders angespannt sind – und bietet Ihnen proaktiv eine Meditationsübung statt des üblichen Workouts an.

In all diesen Beispielen nutzt KI ihre analytische Wucht nicht für generische Effizienz, sondern für einfühlsame Individualisierung. Daten sind die Basis, Kreativität und Empathie bilden die Spitze. Richtig eingesetzt, entfaltet Personalisierung so eine ungeheure Bindungskraft.

Natürlich müssen Unternehmen dabei stets die Balance wahren zwischen Verblüffung und Übergriffigkeit. Zu viel Personalisierung kann schnell als aufdringlich oder irritierend empfunden werden. Gerade in sensiblen Bereichen wie Finanzen oder Gesundheit ist Fingerspitzengefühl gefragt. Oberste Maxime muss stets sein: Personalisierung ist kein Selbstzweck, sondern ein Mittel, um Kundenbeziehungen auf Basis eines fairen Datenaustauschs zu intensivieren.

Gelingt dies, eröffnen sich völlig neue Dimensionen der Kundenbindung und Differenzierung. In einer Welt der unbegrenzten Wahlmöglichkeiten und austauschbaren Angebote wird die persönliche Note zum strategischen Erfolgsfaktor. Wer es schafft, jedem Kunden ein individuelles, wertschätzendes Erlebnis zu bieten, hebt sich vom Wettbewerb ab und schafft nachhaltige Alleinstellung.

Mehr noch: Personalisierung birgt das Potenzial, ganz neue Wachstumsfelder und Geschäftsmodelle zu erschließen. Aus der Vielfalt der Kundenbedürfnisse erwachsen ungeahnte Möglichkeiten für innovative Services und Marktnischen. Die Grenze des Machbaren verschiebt sich hin zur "Losgröße 1": Produktindividualisierung, persönliche Fertigung, "Mass Customization" – alle diese Trends gewinnen durch KI-gestützte Personalisierung an Dynamik.

Gleichzeitig verändern sich die Stellhebel für Kundenwert und Rentabilität. An die Stelle pauschaler Angebote und Preise treten individuelle Konditionen und Services, die flexibel auf die Zahlungsbereitschaft und das Potenzial jedes Einzelnen abgestimmt sind.

Mögliche Effekte sind:

- Höhere Margen durch differenzierte, wertoptimierte Bepreisung
- Mehr Cross- und Up-Selling durch passgenaue Zusatzangebote

3.4 Personalisierung und Individualisierung als Wettbewerbsvorteil

- Geringere Abwanderung durch intensivere, langfristige Kundenbindung
- Effizienterer Ressourceneinsatz durch gezieltere Kundenansprache und -entwicklung

All dies mündet im Ideal einer "Segment-of-One"-Wirtschaft: Einer Welt, in der jeder Kunde sein eigenes, individuell wertoptimiertes "Marktangebot" erhält. Freilich ist das in letzter Konsequenz weder erstrebenswert noch erreichbar. Unverzichtbar bleiben menschliche Beziehungen, Empathie und Vertrauen – Werte, die KI so nicht ersetzen kann und soll.

Aber in intelligenter Kombination mit diesen Elementen eröffnet KI-gestützte Personalisierung Unternehmen mächtige neue Stellhebel für profitables Wachstum. Umgekehrt droht der Verlust von Relevanz und Kundennähe, wenn man sich dem Trend verschließt. Personalisierung ist keine Option mehr, sondern ein Muss für zukunftsfähige Geschäftsmodelle.

Dabei geht es nicht nur um Effizienz und Wettbewerbsvorteile. Im Kern geht es um nicht weniger als die Beziehung zwischen Unternehmen und Kunden auf eine neue Stufe zu heben: Empathischer, ganzheitlicher, wertschöpfender. Personalisierung als partnerschaftliches Versprechen, jeden Einzelnen nach seinen individuellen Bedürfnissen optimal zu begleiten und entfalten zu lassen. Aus Daten wird so spürbarer, bedeutungsvoller Nutzen für Menschen.

Dies setzt allerdings auch ein neues Denken auf Kundenseite voraus. Die Bereitschaft, persönliche Daten zu teilen, wird zur Basis für individuelle Services. Vertrauen und Datensouveränität werden so zu Schlüsselanforderungen – an Unternehmen, aber auch an jeden Einzelnen. Gefragt ist ein aufgeklärtes "Daten-Selbstbewusstsein": Die Fähigkeit, die Chancen und Risiken der Datenökonomie einzuschätzen und mündig mit den eigenen Informationen umzugehen.

Kurzum: KI-basierte Personalisierung eröffnet faszinierende neue Möglichkeiten – für Unternehmen, Kunden und Gesellschaft insgesamt. Aber wie bei jeder mächtigen Technik geht damit auch große Verantwortung einher. Den Nutzen zu maximieren und gleichzeitig Risiken zu minimieren, wird eine Schlüsselaufgabe des kommenden Jahrzehnts.

Personalisierung ist ohne Zweifel ein zentraler Treiber für neue Wertschöpfung im KI-Zeitalter.

Richtig verstanden und gestaltet kann sie das Verhältnis zwischen Wirtschaft und Mensch auf eine neue, partnerschaftliche Grundlage stellen. Falsch eingesetzt drohen Gefahren von Überwachung, Entmündigung und Manipulation. Es liegt an uns allen, diese Entwicklung proaktiv und verantwortungsvoll in die richtigen Bahnen zu lenken.

Was es dazu braucht? Eine kluge Balance aus Datenschutz, Nutzerautonomie und ökonomischen Interessen. Sichere technische Infrastrukturen für Datensouveränität. Aufklärung und digitale Mündigkeit bei Bürgern und Verbrauchern. Einen ethisch fundierten Rechtsrahmen für den Einsatz von KI. Und nicht zuletzt eine Führungskultur in Unternehmen, die Personalisierung als enabler für sinnstiftende Kundenbeziehungen begreift – nicht als Instrument der Gewinnmaximierung um jeden Preis.

In diesem Sinne: Lassen Sie uns diese mächtige Technik gemeinsam im Interesse der Menschen entfalten – empathisch, fair und wertschöpfend für alle. Als Basis nicht für Entfremdung, sondern Augenhöhe zwischen Unternehmen und Kunden. Als Werkzeug für eine Wirtschaft, die den Einzelnen wertschätzt und individuell fördert. Kurz gesagt: Als Hebel für eine menschlichere Ökonomie im digitalen Zeitalter.

Die wesentlichen Lerninhalte sind hier nochmals zusammengefasst:

- *Kundenzentrierte Personalisierung: KI ermöglicht Unternehmen, Produkte, Dienstleistungen und Kommunikation individuell auf die Bedürfnisse und Präferenzen ihrer Kunden abzustimmen.*
- *KI kombiniert Daten wie Kaufverhalten, Browsing-Aktivitäten und Social-Media-Interaktionen, um ganzheitliche und detaillierte Profile zu generieren.*
- *Echtzeit-Optimierung mit KI erlaubt es, Angebote und Inhalte dynamisch in Echtzeit anzupassen, um die Relevanz und Attraktivität für Kunden zu erhöhen.*
- *Unternehmen wie Netflix und Amazon nutzen KI, um personalisierte Erlebnisse zu schaffen, z. B. durch Empfehlungssysteme und individuelle Startseiten.*
- *Die Personalisierung steigert Kundenzufriedenheit und Loyalität, was Unternehmen einen nachhaltigen Wettbewerbsvorteil verschafft.*

3.5 Automatisierung und Effizienzsteigerung in den Wertschöpfungsketten

Neben datengetriebenen Services und personalisierter Kundeninteraktion ist die Automatisierung und Effizienzsteigerung von Prozessen das dritte große Gestaltungsfeld KI-basierter Geschäftsmodelltransformation. Von der Fertigung über die Logistik bis zum Backoffice – Künstliche Intelligenz entfaltet ihr Rationalisierungspotential entlang der gesamten Wertschöpfungskette.

Durch die intelligente Automatisierung sich wiederholender Tätigkeiten und Entscheidungen kann KI Prozesse massiv beschleunigen und von menschlicher Arbeit entkoppeln. Ineffizienzen, Fehlerquellen und Qualitätsschwankungen lassen sich dadurch systematisch reduzieren. Gleichzeitig werden Ressourcen frei für höherwertige, kreative Aufgaben – vom Mitarbeiter bis zur Führungsebene.

> Denken wir zum **Beispiel** an ein produzierendes Unternehmen: In der Fertigung überwachen KI-Systeme die Maschinenparameter in Echtzeit, erkennen Abweichungen frühzeitig und passen Einstellungen autonom an. Statt reaktiver Reparaturen ermöglicht dies vorausschauende Wartung ("Predictive Maintenance"). Stillstände und Qualitätsprobleme werden vermieden, bevor sie auftreten. Der gesamte Betriebsablauf wird stabiler und effizienter.
> In der **Logistik** wiederum kann KI die Steuerung von Warenflüssen und Lieferketten optimieren. Durch die vernetzte Analyse von Bestands-, Transport- und Nachfragedaten lassen sich Engpässe antizipieren, Routen und Auslastungen dynamisch anpassen. Mit selbstlernenden Algorithmen und Simulationen werden selbst komplexe Liefernetze transparent und agil steuerbar. Der Effekt sind geringere Lagerbestände, kürzere Durchlaufzeiten und eine höhere Termintreue.
> Auf der **administrativen Seite** ermöglichen KI-Tools die Automatisierung von Routineaufgaben wie Dateneingabe, Dokumentenverarbeitung oder Standardanfragen. Intelligente Textanalyse extrahiert relevante Informationen aus Eingangspost, Chatbots übernehmen einfache Kundenanliegen, Prozessroboter gleichen Stammdaten ab. So werden selbst einfache Backoffice-Prozesse schneller, konsistenter und kostengünstiger.

Zentral für all diese Anwendungen sind vernetzte Daten als Treibstoff und selbstlernende Algorithmen als Optimierungsmotor. Anders als starre Automatisierung lernt KI aus Erfahrung und passt sich flexibel an Veränderungen an. So können selbst variable, kontextabhängige Prozesse zunehmend technisiert werden – ein Gamechanger gerade für wissensintensive Industrien.

Nehmen wir die Finanzbranche: Hier revolutioniert KI aktuell ganze Geschäftsprozesse. Kreditentscheidungen etwa basierten früher auf harten Regeln und manueller Fallprüfung – ein zeitraubender, fehleranfälliger Prozess. Moderne KI-Systeme analysieren nun automatisch die Daten von Antragstellern, bewerten Risiken, decken Betrugsmuster auf – und das in Echtzeit. Aus Tagen werden Sekunden, aus groben Standardkriterien granulare individuelle Profile. Schnellere, passgenauere Entscheidungen sind die Folge.

Ganz ähnliche Entwicklungen sehen wir in Bereichen wie Versicherung, Gesundheitswesen oder öffentlicher Verwaltung: Überall dort, wo komplexe, dokumentenbasierte Prozesse dominieren, kann KI durch intelligente Automatisierung enorme Effizienzpotentiale heben. Nicht absolute Standardisierung ist das Ziel, sondern flexible, kontextsensitive Lösungen, die menschliche Experten entlasten und befähigen.

Freilich ist dieser Weg nicht ohne Hürden: Die technische Integration von KI in gewachsene IT-Landschaften ist oft anspruchsvoll, ebenso die Orchestrierung von Mensch-Maschine-Interaktion. Auch rechtliche Fragen von Datenschutz bis zur Haftung bei automatisierten Entscheidungen sind noch nicht abschließend geklärt. Und nicht zuletzt erfordert jede Prozessautomatisierung ein tiefgreifendes Change Management, um Mitarbeiter mitzunehmen und neue Rollen zu definieren.

Entscheidend ist daher eine ganzheitliche Sicht: KI ist kein Allheilmittel, sondern ein Werkzeug zur Optimierung von Prozessen und Entscheidungen. Ihr Einsatz muss strategisch geplant, fachlich und ethisch reflektiert sein. Es geht nicht um Ersatz, sondern um sinnvolle Aufgabenteilung zwischen Mensch und Maschine. Richtig genutzt kann KI so Freiräume für Wertschöpfung, Innovation und Kundenorientierung schaffen.

Besonders spannend sind die Potentiale an den Schnittstellen – wenn durch Datenintegration und KI ganze Wertschöpfungsketten neu gedacht werden. Beispiel Handel: KI-gesteuerte Bestellsysteme des Einzelhändlers greifen hier direkt auf Absatz- und Lagerdaten der Hersteller zu. Prognosen und Warennachschub synchronisieren sich vollautomatisch entlang der Lieferkette. Durchlaufzeiten und Sicherheitsbestände sinken, Schwund und

3.5 Automatisierung und Effizienzsteigerung in den Wertschöpfungsketten

Überkapazitäten lassen sich vermeiden. Vom Rohstoff bis zum Point of Sale entsteht ein lernendes, selbstoptimierendes Netzwerk.

Noch weiter geht dieser Ansatz in der Fertigungsindustrie unter dem Stichwort "Industrie 4.0": Hier wachsen Wertschöpfungsketten durch Vernetzung, Sensorik und KI zum "Internet der Dinge" zusammen. Smarte Produktionsanlagen steuern sich dezentral selbst, stimmen sich mit Zulieferern und Logistikpartnern autonom ab. Aufträge werden je nach Kapazität, Termindruck und Anlagenzustand durch die Fertigung geleitet. Am Ende könnte eine hochflexible "Losgröße 1"-Produktion stehen – individualisiert, ressourceneffizient und in Echtzeit am Kundenbedarf ausgerichtet.

All das zeigt: KI ist eine Schlüsseltechnologie, um Prozesse und Wertschöpfungsketten in die Zukunft zu führen. Repetitive, datenbasierte Tätigkeiten lassen sich skalierbar automatisieren, menschliche Fähigkeiten erweitern. Reaktive Abläufe werden zu intelligenten Systemen, starr sequenzielle Ketten zu flexiblen Netzwerken. Unternehmen können so schneller, effizienter und robuster agieren.

Mehr noch: Im Zusammenspiel mit Datenanalyse und Personalisierung eröffnet die KI-gestützte Prozessautomatisierung völlig neue Möglichkeiten der Wertschöpfung. Indem Routineaufgaben wegfallen, werden Kapazitäten frei für Kundenzentrierung, Innovation und strategische Differenzierung. Die Fixierung auf den internen Betrieb weicht einer konsequenten Ausrichtung auf Markt und Kundenbedürfnisse. Operative Exzellenz verbindet sich mit Wachstum und Agilität.

Bestes Beispiel ist die Entwicklung neuer digitaler Geschäftsmodelle: Dank KI-Automatisierung im Hintergrund können sich Unternehmen ganz darauf konzentrieren, datengetriebene Dienste und Plattformen aufzubauen. Indem Prozesskosten drastisch sinken, werden Experimente und rasche Iterationen bezahlbar. Neue Wertangebote können mit schlankem Overhead getestet und skaliert werden. Geschwindigkeit und Innovationskraft steigen.

Mittelfristig deuten sich so die Konturen einer "Autonomen Unternehmung" an: Einer Organisation, die ihre operativen Abläufe weitgehend an KI delegiert – und dadurch umso mehr menschliche Kreativität, Empathie und Urteilskraft für Kunden und neue Lösungen einsetzen kann. Freilich nicht als Selbstzweck, sondern als Mittel zu mehr Wertschöpfung, Resilienz und Purpose.

Gleichzeitig ist klar: Dieser Weg erfordert mehr als isolierte Technik. Gefragt ist ein mutiges Umdenken von Organisation, Führung und Kultur

– weg von Command-and-Control, hin zu Autonomie, Transparenz und Augenhöhe zwischen Mensch und Maschine. KI wird zum Partner in einem ko-kreativen Prozess kontinuierlicher Optimierung. Nicht Substitution, sondern Kollaboration ist der Schlüssel.

> Das kann nur gelingen, wenn Mitarbeiter von Anfang an einbezogen und befähigt werden.

Durch Qualifizierung und neue Rollenmodelle ebenso wie durch Wertschätzung und soziale Absicherung. Prozess-Know-How verbindet sich so mit digitalem Mindset, Algorithmus-Verständnis mit ethischem Kompass. Es entsteht ein neues Berufsbild an der Schnittstelle von Mensch und Maschine – mit Sinn und Mehrwert für beide Seiten.

Machen wir uns nichts vor: Der Übergang zu einer KI-basierten Prozesslandschaft ist ein komplexer Change – technologisch, organisatorisch, kulturell. Er stellt Gewissheiten in Frage, schafft Ängste, erfordert neue Kompetenzen. Doch wer ihn als strategisches Großprojekt angeht, partizipativ gestaltet und konsequent vom Nutzen her denkt, der erschließt ein Effizienz- und Innovationspotential sondergleichen. Mit der Chance, sein Geschäftsmodell ganzheitlich zu transformieren.

> **Deshalb gilt: Warten ist keine Option.** Die KI-Automatisierung von Prozessen und Wertschöpfungsketten schreitet mit Macht voran – und wird zur Überlebensfrage im Wettbewerb. Denn klar ist: Wer seine Abläufe nicht KI-gestützt optimiert, um Freiräume für Innovation und Differenzierung zu gewinnen, der wird früher oder später abgehängt. Auf Dauer setzen sich die agilsten, kundenorientiertesten Unternehmen durch.

Es ist eine historische Chance und Herausforderung zugleich – für jede Organisation und für uns alle als Gesellschaft. Denn richtig eingesetzt kann KI in Prozessen nicht nur Produktivität und Resilienz steigern – sondern auch Interesse und Kapazität für die wirklich wichtigen Aufgaben freisetzen: Kreativität, soziale Interaktion, Nachhaltigkeit, Sinnstiftung. Als Teil einer umfassenden digitalen Transformation.

In diesem Sinne lohnt es sich, das Thema KI-gestützte Prozess-Transformation ganz oben auf die Agenda zu setzen – strategisch, fachübergreifend, mutig. Lassen Sie uns gemeinsam daran arbeiten, Abläufe zu vereinfachen, Menschen zu entlasten und Wertschöpfung neu zu denken. Mit Respekt für gewachsene Strukturen, Freude am Gestalten und offenem Blick für die Chancen der Zukunft. Es wird sich auszahlen – für unsere Organisationen und für jeden Einzelnen.

Die wesentlichen Lerninhalte sind hier nochmals zusammengefasst:

- *KI transformiert Wertschöpfungsketten, indem repetitive und zeitintensive Prozesse automatisiert werden, was Effizienz und Genauigkeit steigert.*
- *Mit KI können Unternehmen Produktions- und Lieferketten in Echtzeit überwachen und anpassen, um Kosten zu reduzieren und die Kundenzufriedenheit steigern.*
- *Durch den Einsatz intelligenter Algorithmen werden Vorhersagen zur Nachfrage und Optimierungen im Bestandsmanagement möglich, was zu geringeren Lagerkosten führt.*
- *KI unterstützt Unternehmen bei der nahtlosen Integration unterschiedlicher Prozessstufen und fördert eine effizientere Zusammenarbeit innerhalb der Lieferketten.*

3.6 Neue Marktchancen und branchenübergreifende Innovation

Der vierte große Hebel KI-getriebener Geschäftsmodellentwicklung liegt in der Erschließung neuer Märkte und Kundengruppen. Durch die intelligente Analyse von Daten lassen sich bislang unbekannte Bedürfnisse, Zielgruppen und Absatzpotentiale identifizieren. Zudem können ganz neuartige Leistungsangebote entwickelt werden, die branchenübergreifend Mehrwerte schaffen.

Ausgangspunkt sind oft die riesigen Datenmengen, die Unternehmen heute über Nutzerverhalten, Präferenzen und Kontextfaktoren sammeln – sei es aus Kaufhistorien, Sensordaten oder Social Media. Bislang werden diese Schätze häufig nur fragmentiert genutzt, beschränkt auf Vertrieb und Marketing. Durch ganzheitliche Analyse lassen sich jedoch wertvolle Erkenntnisse gewinnen – auch und gerade über die Grenzen des eigenen Kerngeschäfts hinaus.

Ein spannendes **Beispiel** dafür liefert die **Automobilbranche**. Traditionell orientieren sich Hersteller hier vor allem an technischen Parametern wie PS-Zahl oder Verbrauch. Durch KI-gestützte Auswertung von Nutzungsdaten aus vernetzten Fahrzeugen entsteht nun jedoch ein viel umfassenderes Bild. Aufschluss geben nicht nur Fahrprofile und Wartungszustände, sondern auch Gewohnheiten, Vorlieben oder Limitationen der Insassen.

So lassen sich ganz neue Kundengruppen und Mobilitätsbedürfnisse erschließen: Familien, die Wert auf flexible Innenraumkonzepte legen. Berufspendler, die ihre Fahrzeit produktiv nutzen wollen. Menschen mit Handicap, die auf assistive Funktionen angewiesen sind. KI hilft, diese Nischen zu identifizieren, passgenaue Angebote zu schneidern und Innovationen zielgerichtet voranzutreiben.

Mehr noch: Im Zusammenspiel der Daten über Fahrzeuge, Fahrer und Umgebung entstehen völlig neue Lösungsräume. Smarte Mobilitätsdienste etwa, die flexibel auf individuelle Lebenssituationen zugeschnitten sind. Nahtlos vernetzte Reiseketten, die Sharing, ÖPNV und autonome Fahrzeuge intelligent verknüpfen. Ganzheitliche Ökosysteme rund um die Themen Sicherheit, Gesundheit oder mobile Arbeit. Der Kreativität sind kaum Grenzen gesetzt.

Im Kern geht es um nicht weniger als die "Neuerfindung" des Automobils: Weg vom techniklastigen Prestigeobjekt, hin zu kundenzentrierten, datengetriebenen Serviceplattformen. Neue Zielgruppen, neue Erlösmodelle, neue Wertschöpfungspartner – ermöglicht durch agile Entwicklung und KI im Maschinenraum. Dies erfordert ein radikales Umdenken, gerade in einer lange so hardwaregetriebenen Branche. Doch die Mühe lohnt: Die Marktpotentiale sind gewaltig.

Ähnliche Logiken sehen wir **in anderen Sektoren**: Überall dort, wo Unternehmen reichhaltige Nutzerdaten anhäufen, lassen sich durch KI-Analyse Chancen für Marktexpansion, Nischenangebote und Cross-Industry-Innovation identifizieren. Einige Beispiele:

3.6 Neue Marktchancen und branchenübergreifende Innovation

- Ein Telekommunikationsanbieter nutzt Verbindungsdaten, um maßgeschneiderte Remote-Work- und E-Learning-Dienste für unterversorgte Regionen zu entwickeln.
- Eine Bank analysiert Transaktionsmuster, um Finanzdienstleistungen für Kleinunternehmer und Selbstständige entwickelt, zugeschnitten auf deren spezielle Liquiditäts- und Investitionszyklen.
- Ein Einzelhändler identifiziert anhand von Kaufmustern Potentiale für maßgeschneiderte Gesundheits- und Wellnessangebote, die er mit Krankenkassen und Fitnessanbietern ko-kreiert.
- Ein Energieversorger nutzt Smart Meter-Daten, um energie-intensive Haushalte mit passenden Angeboten zur Verbrauchsoptimierung und Eigenerzeugung anzusprechen.

Wie diese Beispiele zeigen, liegt der Mehrwert häufig an den Schnittstellen: Wenn Kompetenzen und Datenschätze aus unterschiedlichen Branchen zusammenfließen, entstehen einzigartige Lösungen mit geballtem Nutzen für Kunden. Abteilungs- und Industriegrenzen verschwimmen dabei zusehends. Wertschöpfung wird zum orchestrierten Zusammenspiel spezialisierter Player.

Für Unternehmen bedeutet dies zweierlei:

- Zum einen müssen sie lernen, auch branchenfremde Daten in ihre Analysen und Innovationsprozesse einzubeziehen. Das kann von öffentlichen Statistiken über Social Media-Daten bis zu Wetterdaten oder Satellitenbildern reichen. Entscheidend ist, kreativ zu denken und Korrelationen zu suchen, die auf ungedeckte Bedarfe hindeuten. KI ist hier ein mächtiger Verbündeter.
- Zum anderen sind neue Kooperationsformen gefragt – über Firmengrenzen hinweg, aber auch mit ungewöhnlichen Partnern wie Startups, Forschungseinrichtungen oder Bürgerinitiativen. Offene Plattformen und Standards erleichtern solche Kollaborationen enorm. Ebenso wie eine Kultur, die Experimentierfreude, Datenteilung und interdisziplinäres Denken fördert. Innovation wird hier mehr und mehr zur Ko-Kreation.

Interne Strukturen und Prozesse müssen diesem neuen Innovationsparadigma Rechnung tragen. Gefragt sind agile Formate wie Labs, Inkubatoren oder Venture-Einheiten, die sich frei vom Tagesgeschäft neuen Ansätzen widmen können. So lässt sich die nötige Offenheit und Geschwindigkeit entwickeln, um vielversprechende Chancen früh zu erkennen und zu ergreifen. Nicht lange Businesspläne sind dann das Mittel der Wahl, sondern rapid Prototyping und iteratives Lernen am Markt.

KI kann diesen Prozess immens beschleunigen – indem Potentiale früher erkannt, Entwicklungsschritte automatisiert und Nutzer dynamisch einbezogen werden. Vom ersten Datensignal bis zum Minimal Viable Product vergehen so oft nur noch Wochen oder Monate statt Jahre. Gleichzeitig ermöglicht KI ein kontinuierliches Monitoring des Marktes, um Anpassungen in Echtzeit vorzunehmen. Es entsteht ein fluider Innovations-Kreislauf.

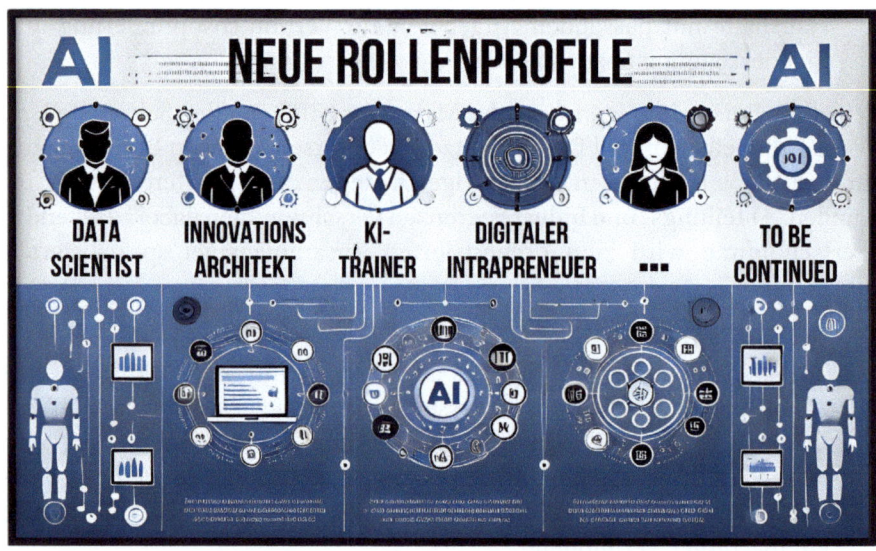

Abb. 12: Neue Rollenprofile durch KI

All dies erfordert nicht zuletzt neue Fähigkeiten und Rollenprofile: Data Scientists, die kreativ mit Daten jonglieren können. Innovations-Architekten, die Synergien über Branchengrenzen hinweg orchestrieren. KI-Trainer, die Algorithmen mit Branchen- und Prozess-Knowhow verzahnen. Und digitale Intrapreneure, die als Treiber und Vermittler des Wandels agieren. Auf allen Ebenen werden Digital- und Innovations-Skills zur Schlüsselkompetenz.

Gleichzeitig ist auch klar: Die skizzierten Entwicklungen sind nicht ohne Fallstricke. Dazu zählt zum einen die Gefahr von Fehlsteuerungen durch verzerrte oder unvollständige Daten – wenn etwa KI-Systeme anhand histo-

3.6 Neue Marktchancen und branchenübergreifende Innovation

rischer Muster diskriminierende Angebote generieren. Zum anderen bergen datenbasierte Innovationsstrategien erhebliche Risiken für Privatsphäre und Datensouveränität, wenn Kundendaten ohne klare Regeln genutzt oder verkauft werden.

Umso wichtiger ist es, den Einsatz von KI und Datenanalyse zur Markterschließung von Anfang an ethisch zu reflektieren. Vertrauen, Transparenz und echte Kundenorientierung müssen an erster Stelle stehen – nicht blinder Aktionismus oder Profitmaximierung um jeden Preis. Wo immer möglich, sollten Nutzer aktiv einbezogen und an der Wertschöpfung beteiligt werden. Nur so kann eine Win-Win-Situation entstehen.

Daneben braucht es klare Standards, Verantwortlichkeiten und Kontrollmechanismen für den Umgang mit KI-basierten Entscheidungen und Personalisierungen. Auch Haftungsfragen für fehlerhafte Empfehlungen oder Schäden durch Algorithmen sind zu klären. Hier sind neben Unternehmen auch Gesetzgeber, Verbände und Zivilgesellschaft gefragt. Es braucht einen breiten Dialog und geteilte Prinzipien für eine menschenzentrierte KI.

Trotz dieser Herausforderungen steht fest: Das Potential von KI für Marktexpansion, Individualisierung und branchenübergreifende Wertschöpfung ist immens. Wer es richtig nutzt, erschließt nicht nur neue Umsatzquellen, sondern schafft vor allem überlegenen Kundennutzen. Indem Angebote passgenau und flexibel auf individuelle Bedarfslagen zugeschnitten werden, wächst die Zufriedenheit. Neue Zielgruppen werden auf neuartige Weise angesprochen und an Unternehmen gebunden.

Mehr noch: Datengetriebene Innovationsstrategien sind ein Schlüssel zu mehr Nachhaltigkeit und Teilhabe. Indem man Nischenbedarfe erkennt und maßgeschneidert bedient, werden auch bisher unterversorgte Gruppen inkludiert. Sei es die Landbevölkerung mit speziellen Mobilitäts-Services, chronisch Kranke mit personalisierten Gesundheitsdiensten oder Geringverdiener mit mikrofinanziellen Angeboten. KI macht Individualisierung bezahlbar und fördert so eine wohlstandsmehrende "Long Tail"-Ökonomie.

Gleichzeitig kann die ressourceneffiziente Ausrichtung von Produktion und Logistik an Echtzeit-Bedarfen helfen, Überkapazitäten und Verschwendung zu vermeiden. Prognose-Algorithmen erkennen frühzeitig, wo Anpassungen nötig sind. So lässt sich eine vorausschauendere, zirkulärere Wertschöpfung etablieren. Wachstum entsteht nicht durch immer mehr Massenprodukte, sondern durch smarte, KI-basierte Services.

Für Unternehmen bedeutet dies eine große Chance – wenn sie bereit sind, sich ganzheitlich zu transformieren. Die Erschließung neuer Märkte durch KI erfordert weit mehr als punktuelle Datenanalysen oder isolierte Leuchtturmprojekte. Sie bedingt eine grundlegende Neuausrichtung von Strategie, Struktur und Kultur auf agilere, kollaborativere und kundenzentriertere Geschäftsmodelle. Mit Plattformen und Ökosystemen als zentrale Koordinationsinstanzen.

Wer sich darauf einlässt, entwickelt jene Flexibilität und Innovationskraft, die im volatilen Digitalzeitalter über Erfolg oder Misserfolg entscheidet. Denn in Zukunft werden jene Unternehmen vorne liegen, die sich wie ein Chamäleon immer wieder neu erfinden – indem sie schwache Signale clever deuten, unkonventionelle Allianzen schmieden und passende Angebote blitzschnell auf den Markt bringen. KI ist dafür eine mächtige "Enabling Technology".

Lassen Sie uns diese Chance gemeinsam ergreifen – mit Kreativität, Verantwortung und dem unbedingten Willen, Kunden immer wieder neu zu begeistern. Schöpfen wir das Potenzial von Daten und Algorithmen voll aus, um Innovationen zu demokratisieren, Teilhabe zu stärken und unsere Märkte inklusiver zu gestalten. Und legen wir dabei höchste ethische Standards an, um Vertrauen zu sichern. Der Lohn sind Wachstum und Sinn zugleich.

Die wesentlichen Lerninhalte sind hier nochmals zusammengefasst:

- *KI hilft Unternehmen, ungenutzte Zielgruppen und Absatzpotenziale zu entdecken, indem sie Datenmuster und Nutzerpräferenzen analysiert.*
- *Durch KI können Unternehmen neuartige Dienstleistungen und Produkte schaffen, die traditionelle Branchengrenzen überwinden und neue Werte bieten.*
- *Datenbasierte Erkenntnisse ermöglichen die Entwicklung personalisierter Mobilitätslösungen, etwa für spezifische Nutzergruppen wie Pendler oder Menschen mit besonderen Bedürfnissen.*
- *KI verbindet Daten und Erkenntnisse aus verschiedenen Branchen und Kontexten, was Unternehmen neue Wege für branchenübergreifende Innovation eröffnet.*

3.7 Zukunftsperspektiven: Geschäftsprozesse in einer KI-getriebenen Welt

In diesem Kapitel haben wir gesehen, wie KI Geschäftsmodelle in ihrer Substanz verändert. Datenbasierte Services, Personalisierung, Automatisierung und Markt-Allianzen sind die mächtigen Hebel, mit denen Unternehmen ihre Wertschöpfung neu erfinden. Einst starre Prozesse, Strukturen und Grenzen werden fluide und formieren sich flexibel um Kundenbedürfnisse herum.

Doch was bedeutet das für die Zukunft des Wirtschaftens insgesamt? Welche Geschäftsprozesse und -Modelle erwarten uns in einer Welt, die von KI-Systemen durchdrungen und orchestriert ist? Wagen wir zum Abschluss einen visionären Ausblick:

Zunächst werden wir eine neue Stufe der "Servitization" und "Platformization" erleben. Produkte verwandeln sich in vernetzte, sich selbst optimierende Dienstleistungen, Transaktionen in langfristige, durch KI moderierte Beziehungen. Wertschöpfung findet zunehmend in Echtzeit-Ökosystemen statt, die Anbieter, Partner und Kunden nahtlos integrieren – auf Basis geteilter Daten und Standards.

> **Ein Beispiel aus der Medizintechnik:** Aus dem einmaligen Verkauf eines Magnetresonanztomographen wird ein ganzhitlicher, KI-getriebener Diagnose-Service. Die Maschine liefert nicht nur Bilder, sondern erkennt selbstständig Auffälligkeiten, schlägt ergänzende Tests vor und korreliert Befunde mit Patientenakten, Studien, Genominformationen. Radiologen, Fachärzte und Krankenhäuser greifen nahtlos auf die Ergebnisse zu und ermöglichen so schnellere Behandlungen. Abgerechnet wird flexibel nach Nutzung und Outcome.
> Treiber dieser Entwicklung ist das exponentielle Wachstum vernetzter Daten – von Sensor-Rohdaten über Verhaltens- und Kontextinformationen bis hin zu komplexem Domänenwissen. Immer leistungsstärkere KI-Systeme übersetzen diese Flut an Signalen in Echtzeit-Entscheidungen, Empfehlungen und Automatisierungen. So entstehen lernende Regelkreise, die Unternehmen in allen Dimensionen agiler und adaptiver machen.

Klassische Prozessarchitekturen, die auf linearen Input-Verarbeitungs-Output-Abläufen basieren, stoßen hier an ihre Grenzen. Zu langsam, zu starr, zu fragmentiert sind sie für die fluiden Anforderungen einer KI-basierten Ökonomie. Stattdessen organisieren sich Abläufe zunehmend in intelligenten, selbststeuernden Netzwerken, die Aktionen kontextbezogen orchestrieren – dezentral, aber hochsynchronisiert.

Aus der Vogelperspektive ähnelt dies einem Verhaltensmuster, dass wir aus der Natur kennen: dem Zusammenspiel eines Ameisenhaufens oder Bienenstocks. Ohne zentrale Steuerung formieren sich die Einzelteile zu einem kollektiv intelligenten Superorganismus. Koordiniert durch einfache Regeln, Feedback-Schleifen und dichte Kommunikation entsteht so ein Gebilde von verblüffender Anpassungsfähigkeit.

> Auf die Wirtschaft übertragen bedeutet das: Die Unternehmen der Zukunft gleichen weniger einer Kommandozentrale mit vielen Abteilungs-Silos, sondern einem lebendigen neuronalen Netz. Unzählige autonome Einheiten kooperieren auf Basis von Echtzeitdaten miteinander, erzeugen Entscheidungsintelligenz, lernen ständig hinzu – und optimieren so im Zusammenspiel die Gesamtleistung. KI übernimmt dabei die Rolle von Konnektoren, Katalysatoren und Selbstheilungsmechanismen.

So entsteht eine fluide, selbstorganisierende Wertschöpfung, die sich dynamisch an Schwankungen, Störungen oder Nachfragemuster anpasst. Klassische Hierarchien und Berichtswege lösen sich auf in Netzwerken, in denen jeder Knoten gleichermaßen Sensor und Aktor ist. Entscheidungen fallen dort, wo die höchste Informationsdichte herrscht – sei es in der Kundeninteraktion, der Fertigung oder der Forschung.

Gleichzeitig verschmelzen zunehmend die Daten- und Prozessketten zwischen Lieferanten, Produzenten, Dienstleistern und Abnehmern. KI's machen Informationen domänenübergreifend nutzbar, gleichen Kapazitäten ab, synchronisieren Abläufe. In der Folge optimieren sich ganze Wertschöpfungsnetzwerke in Echtzeit, Ressourcen fließen dorthin, wo sie den größten Kundennutzen stiften. Aus starren Lieferketten werden atmende Liefernetze.

In dieser Welt verschwimmen auch die Grenzen zwischen Anbietern und Verbrauchern. Daten und Wünsche der Nutzer fließen an jeder Stelle in die Prozesse ein – von der Co-Kreation in der Entwicklung über die Personalisierung in der Produktion bis hin zur fortlaufenden Anpassung

3.7 Zukunftsperspektiven: Geschäftsprozesse in einer KI-getriebenen Welt

im Service. Umgekehrt werden Kunden zu aktiven Mitspielern in fluiden Ökosystemen – sei es als Prosumenten, Influencer oder Innovatoren. Die eigentliche Wertschöpfung findet in der Interaktion statt.

Schon heute deuten sich diese Entwicklungen in vielen Branchen an – von der variantenreichen "Losgröße 1"-Fertigung in der Industrie über die algorithmenbasierte Echtzeit-Disposition in der Logistik bis hin zu datengetriebenen Behandlungs- und Forschungsnetzwerken in der Medizin. Überall dort erlaubt KI eine hochflexible, bedarfssynchrone Steuerung komplexer Abläufe.

Auf lange Sicht könnten so die Umrisse einer "Autonomous Economy" entstehen – einer Wirtschaft, in der ein Großteil der operativen und dispositiven Prozesse hochautomatisiert abläuft, intelligent koordiniert durch KI-Systeme. Algorithmen übernehmen weite Teile des Managements – von der Voraussage der Nachfrage über die Allokation von Ressourcen bis hin zur dynamischen Preisgestaltung. Menschen konzentrieren sich auf kreative, empathische und richtungsweisende Aufgaben. Sie setzen die ethischen Leitplanken, treffen Grundsatzentscheidungen und gestalten die Schnittstellen zwischen Technologie und Gesellschaft.

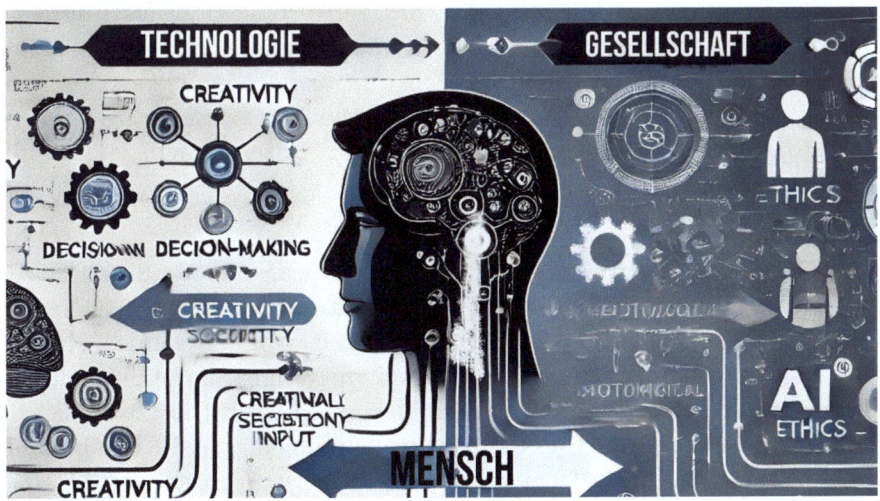

Abb. 13: Der Mensch als Schnittstelle zwischen Technologie und Gesellschaft

Eine zentrale Voraussetzung dafür ist ein robuster Digital- und Datenstack in Unternehmen. Die IT wandelt sich von einer unterstützenden Funktion zur Basis aller Aktivitäten. Microservices, Cloud-native Architekturen und Low-Code-Plattformen ermöglichen die nötige Flexibilität und Skalierbarkeit. Data Governance, Datensouveränität und föderierte KI-Modelle über Unternehmensgrenzen hinweg werden zu Schlüsselkompetenzen.

Gleichzeitig braucht es neue Organisations- und Führungskonzepte. An die Stelle starrer Organigramme treten crossfunktionale "Capability Cluster", die sich flexibel um Kundenbedürfnisse und Wertströme herum gruppieren. Führungskräfte werden zu Enablers, die Rahmenbedingungen gestalten, Potenziale freisetzen und verschiedenste Stakeholder orchestrieren. Oberste Maxime ist die Ko-Evolution von Mensch und Maschine.

All diese Entwicklungen haben tiefgreifende Auswirkungen auf die Arbeitswelt. Routinetätigkeiten und regelbasierte Prozesse werden zunehmend automatisiert, kognitive Aufgaben durch KI unterstützt oder übernommen. Gleichzeitig entstehen neue Jobs an der Schnittstelle zwischen Technologie, Kreativität und Beziehungsgestaltung. Lebenslanges Lernen wird zum Imperativ, Adaptionsfähigkeit zur Kernkompetenz schlechthin.

> Klar ist: Der Übergang in eine KI-basierte Wirtschaft ist mit großen Herausforderungen verbunden. Es wird Verwerfungen geben, Ängste und Widerstände. Umso wichtiger ist es, den Wandel aktiv und inklusiv zu gestalten – mit Weiterbildungsoffensiven, sozialen Innovationen und einer ethischen Regulierung von Algorithmen. Nur wenn die Transformation Hand in Hand mit gesellschaftlichem Fortschritt geht, kann sie gelingen.

Trotz aller Unwägbarkeiten: Die Aussicht auf eine Ökonomie, die durch KI proaktiver, anpassungsfähiger und kundenzentrierter wird, ist verlockend. Wenn Prozesse und Entscheidungen in Echtzeit optimiert werden, schafft dies Raum für wertschöpfendere Tätigkeiten. Wenn Innovationen durch Datenanalyse und Simulation beschleunigt werden, wächst die Lösungskraft für drängende Probleme. Und wenn Wertschöpfung durch KI-Koordination flexibler und ressourcenschonender wird, profitieren Wohlstand und Nachhaltigkeit zugleich.

> Aber technologischer Fortschritt allein reicht nicht. Ebenso entscheidend sind Creativity, Empathy und Ethical **Leadership** – jene Fähigkeiten, die uns als Menschen auszeichnen.

Sie sicherzustellen, dass KI dem Gemeinwohl dient und niemanden zurücklässt. Dass Automatisierung mit neuen Sinnstiftungsangeboten einhergeht. Und dass inmitten aller Effizienzgewinne der Mensch mit seinen Bedürfnissen im Mittelpunkt bleibt.

Erst in der intelligenten Kombination aus menschlicher Weisheit und algorithmischer Präzision liegt die wahre Verheißung einer KI-getriebenen Wirtschaft: die Chance auf eine produktivere, kreativere, ja hingebungsvollere Art des Wirtschaftens. Eine Ökonomie, in der nicht Profitmaximierung, sondern Potenzialentfaltung das oberste Ziel ist. In dieser Vorstellung wird Wachstum ganzheitlich verstanden – als Wachstum an Optionen, Beziehungstiefe und Lebensqualität.

Verwegene Zukunftsmusik? Vielleicht. Aber die Technologien, die Geschäftsmodelle so grundlegend neu denken lassen, sind da. Nun kommt es darauf an, auch unsere Vorstellungskraft auf Zukunft zu trimmen. Unternehmerischer Wagemut und gesellschaftliche Verantwortung sind gefragt, um die Chancen der KI-Ökonomie zu ergreifen – und ihre Fallstricke zu umschiffen. Wer sich darauf einlässt, den erwartet eine spannende Reise.

Eine Reise, auf der nicht alles planbar ist. Die aber das Zeug hat, unser Verständnis von Wirtschaft auf eine neue, humanere Stufe zu heben. Weil sie den Kunden radikal ins Zentrum rückt. Weil sie Kollaboration über Konkurrenz stellt. Und weil sie Wertschöpfung neu erfindet als Wertschätzung – von Ressourcen, Mitarbeitern und Mitgeschöpfen.

In diesem Sinne: Die Zukunft wartet nicht. Sie will von uns gestaltet werden – mit Technikbegeisterung und Menschlichkeit zugleich. Jedes Unternehmen, jede Organisation, jeder Einzelne ist aufgerufen, seinen Beitrag zu leisten. Denn die nächste Wirtschaft entsteht nicht top-down, sondern durch die Summe unserer Entscheidungen und Handlungen. Tag für Tag, Prozess für Prozess.

Wenn dieses Buch dazu inspirieren kann, die eigenen Aktivitäten durch die Brille der KI-Transformation zu betrachten, hat es seinen Zweck erfüllt. Nicht als Blueprint, sondern als Einladung zum Querdenken, Andersdenken, Zukunft-Denken. Denn daraus erwachsen jene Innovationen, die unsere

Wirtschaft fit machen für das algorithmische Zeitalter – im Interesse von Wachstum, Resilienz und Menschenwürde gleichermaßen.

Die wesentlichen Lerninhalte sind hier nochmals zusammengefasst:

- *KI ermöglicht die Weiterentwicklung von Produkten hin zu intelligenten, vernetzten Dienstleistungen, die Kundenbedürfnisse in Echtzeit erfüllen.*
- *KI-basierte Systeme, wie in der Medizintechnik, bieten nicht nur Bildgebung, sondern auch präzise Diagnosen und integrierte Patientenlösungen.*
- *Durch KI entstehen vernetzte Ökosysteme, in denen Produkte, Dienstleistungen und Prozesse miteinander verschmelzen und neue Marktpotenziale erschließen.*

4 Wie Prozesse in Unternehmen durch KI beeinflusst werden

4.1 Grundlegende Überlegungen

Künstliche Intelligenz ist nicht nur ein abstraktes technologisches Konzept – sie hat ganz konkrete Auswirkungen darauf, wie Unternehmen ihre Abläufe gestalten und optimieren. Vom Backoffice bis zur Fertigung, von der Personalplanung bis zur Logistik: KI durchdringt und transformiert Prozesse entlang der gesamten Wertschöpfungskette.

In diesem Kapitel wollen wir uns ansehen, wie genau KI die Art und Weise verändert, wie Firmen im Tagesgeschäft agieren. Wir beleuchten, welche Potentiale in der intelligenten Automatisierung, Entscheidungsunterstützung und Prozessflexibilisierung liegen. Und wir diskutieren, was das für die Organisation, Führung und Mitarbeiter von morgen bedeutet.

> Dazu ein kleines **Gedankenexperiment** vorweg:
> Stellen Sie sich ein Unternehmen vor, in dem ein Großteil der operativen Tätigkeiten von intelligenten Systemen übernommen wird. Algorithmen steuern die Produktion, optimieren Lieferketten, beantworten Kundenanfragen. Mitarbeiter und Führungskräfte können sich ganz darauf konzentrieren, kreativ zu sein, strategisch zu denken und zwischenmenschlich zu agieren. Klingt utopisch? In Ansätzen ist diese Zukunft schon Realität.

Aber beginnen wir einen Schritt nach dem anderen und schauen uns zunächst an, wo genau KI in betrieblichen Abläufen zum Einsatz kommt. Grundsätzlich lassen sich drei große Anwendungsfelder unterscheiden:

4 Wie Prozesse in Unternehmen durch KI beeinflusst werden

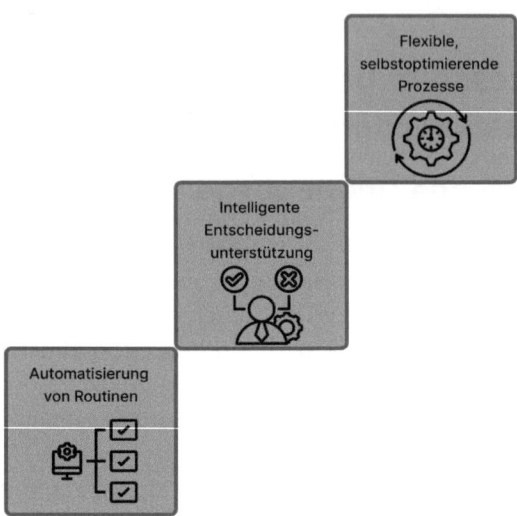

Abb. 14: Wie KI Prozesse revolutioniert: Automatisierung, intelligente Entscheidungsunterstützung und flexible Selbstoptimierung

1. Automatisierung von Routinen

In vielen Unternehmensprozessen schlummern enorme Effizienzpotentiale – weil Mitarbeiter einen Großteil ihrer Zeit mit repetitiven, regelbasierten Aufgaben verbringen. Sei es die Dateneingabe in der Verwaltung, die Qualitätskontrolle in der Fertigung oder die Beantwortung von Standard-Kundenanfragen im Service Center.

Genau hier setzt KI-gestützte Prozessautomatisierung an. Spezielle Algorithmen übernehmen die stupiden Routinen, führen sie schneller, günstiger und zuverlässiger aus. Ein prominentes Beispiel ist die sogenannte "Robotic Process Automation" (RPA): Softwareroboter imitieren menschliche Aktionen wie Klicken, Tippen oder Daten kopieren und wickeln so ganze Arbeitsschritte eigenständig ab.

Stellen Sie sich etwa die Kreditantrags-Bearbeitung in einer Bank vor: Bislang mussten Sachbearbeiter die eingereichten Formulare und Belege durchgehen, Daten abgleichen, Scores berechnen. Heute übernimmt das zu weiten Teilen eine RPA-Lösung. Sie liest die Dokumente ein, zieht Informationen aus Datenbanken hinzu, kalkuliert die Bonität – alles vollautomatisiert im Hintergrund. Nur Sonderfälle und die finale Freigabe bleiben beim Menschen.

Das Ergebnis: Durchlaufzeiten sinken drastisch, die Fehlerquote geht gegen Null, Mitarbeiter haben mehr Zeit für anspruchsvolle, kundenbezogene Aufgaben. Zugleich wachsen Flexibilität und Skalierbarkeit, weil digitale Roboter beliebig vervielfacht werden können. Die Automatisierungsintelligenz wird so zum Effizienzmotor und Wachstumshebel zugleich.

2. Intelligente Entscheidungsunterstützung
In einer komplexen, von Dynamik geprägten Geschäftswelt sehen sich Manager und Fachkräfte oft mit schwierigen Abwägungen konfrontiert. Sei es die Produktionsplanung angesichts schwankender Nachfrage, das Personalmanagement bei Engpässen oder die Budgetallokation für Marketing-Kampagnen. Die schiere Menge an Parametern überfordert klassische Entscheidungsmodelle – von Bauchgefühl ganz zu schweigen.

An dieser Stelle kommt KI als "intelligenter Sparringspartner" ins Spiel. Ausgereifte Algorithmen, trainiert auf riesigen Datenhistorien, erkennen Muster und Abhängigkeiten, die dem menschlichen Auge verborgen bleiben. Sie simulieren Szenarien, bewerten Erfolgschancen, geben konkrete Handlungsempfehlungen. Nicht als Anordnung, sondern als faktenbasierte zweite Meinung, die menschliche Erfahrung komplementiert.

> Nehmen wir das **Beispiel** einer **Supermarktkette**, die ihr Filialnetz ausbauen möchte. Bislang verließ man sich bei der Standortwahl primär auf das Gespür der Expansionsmanager. Nun ergänzt eine Location Intelligence-Lösung auf KI-Basis die Entscheidungsfindung: Sie analysiert Geodaten zu Bevölkerungsstruktur, Kaufkraft und Konkurrenz, gleicht sie mit Erfahrungswerten aus vergleichbaren Märkten ab. So entsteht ein datengestütztes Erfolgspotential für jeden Standort – eine wertvolle Entscheidungshilfe.

In ähnlicher Weise assistieren KI-Systeme in allen möglichen betrieblichen Fragestellungen: Von der vorausschauenden Wartung über die Sortimentsoptimierung bis zur strategischen Investitionsplanung. Durch Mustererkennung und Szenario-Analyse schaffen sie eine robuste Faktenbasis für bessere, schnellere, objektivere Entscheidungen. Der Mensch bleibt in der Verantwortung – aber eben optimal unterstützt von algorithmischer Intelligenz.

3. Flexible, selbstoptimierende Prozesse
Prozesse in Unternehmen folgen oft einem fest definierten Ablauf – mit klaren Regeln, Bedingungen und Verzweigungen. Das macht sie stabil

und nachvollziehbar, aber eben auch starr und schwerfällig. In einer Welt des rapiden Wandels, der Überraschungen und Disruptionen sind agile, anpassungsfähige Strukturen gefragt. Strukturen, die sich flexibel auf neue Situationen einstellen, ohne das große Ganze aus dem Blick zu verlieren.

Genau hier eröffnet KI faszinierende Möglichkeiten. Durch die Echtzeit-Analyse von Prozessdaten und Kontextfaktoren können intelligente Systeme Abläufe kontinuierlich neu konfigurieren, Ressourcen dynamisch zuteilen, Kapazitäten vorrausschauend anpassen. Nicht nach einem starren Schema, sondern situativ und zielorientiert. So entstehen atmende, selbstoptimierende Prozesse, die wie von Geisterhand orchestriert wirken.

> Ein **Paradebeispiel** dafür ist die **smarte Fabrik**, auch als "Industrie 4.0" bekannt. Vernetzte Maschinen, Werkstücke und Logistiksysteme kommunizieren hier autonom miteinander, stimmen sich in Echtzeit ab. Produktionsaufträge suchen sich selbstständig ihren Weg durch die Fertigung, werden je nach Auslastung und Priorität eingesteuert. KI überwacht alle Parameter, erkennt Störungen voraus, leitet bei Bedarf einzelne Chargen um. So lässt sich eine nie dagewesene Flexibilität in Losgröße, Varianz und Durchlaufzeit realisieren.

Aber auch jenseits der Fertigung eröffnet die KI-basierte Prozessintelligenz neue Spielräume. Man denke etwa an ein Callcenter mit dynamischer Kapazitätsplanung: Hier sagt der Algorithmus Anrufvolumen und -themen vorher, disponiert Agents bedarfsgerecht, passt Schichtpläne automatisch an Lastspitzen an. Oder an einen Logistikdienstleister, der dank KI-gesteuerter Routenoptimierung Leerfahrten und Staus umschifft, Zustellfenster punktgenau einhält. Die Stichworte lauten Echtzeit-Adaption und dezentrale Selbststeuerung.

> Klar ist: All diese Anwendungen sind hochkomplex, nicht von heute auf morgen umsetzbar. Sie erfordern eine tiefgreifende Vernetzung und Algorithmisierung von Prozessen, ein fundamentales Neudenken etablierter Abläufe. Aber sie zeigen, wohin die Reise geht: Hin zu einer fluiden, reaktionsschnellen und zugleich robust-resilienten Wertschöpfung, orchestriert von KI. Eine Wertschöpfung, die sich eng an Kundenbedürfnissen und Marktdynamiken ausrichtet, Verschwendung minimiert, Mitarbeitertalente freisetzt. Effizienz und Agilität gehen Hand in Hand.

Soviel zur technischen Vision. Aber was bedeutet das nun konkret für Aufbauorganisation, Rollen und Skills in Unternehmen? Wie verändert der Einzug von KI das Zusammenspiel von Mensch und Maschine in betrieblichen Prozessen? Und welche Chancen, aber auch Herausforderungen ergeben sich daraus?

4.2 KI als Treiber für Prozessinnovation und Prozesseffizienz

Lassen Sie uns zunächst einen Schritt zurückgehen und uns ansehen, warum Prozessoptimierung überhaupt ein so wichtiges Thema ist. Warum lohnt es sich für Unternehmen, Zeit und Ressourcen in die Verbesserung ihrer Abläufe zu investieren?

Die Antwort ist einfach: Weil Prozesse das Herzstück jedes Unternehmens sind. Sie sind gewissermaßen das Betriebssystem, auf dem alle Aktivitäten aufsetzen. Egal ob Fertigung oder Dienstleistung, ob Startup oder Konzern – am Ende entscheidet die Qualität der Prozesse über Leistungsfähigkeit, Kosten und Kundenzufriedenheit. Nur wer seine Abläufe beherrscht, effizient und flexibel gestaltet, kann im Wettbewerb langfristig bestehen.

Aber was macht einen guten Prozess aus? Drei Aspekte sind hier entscheidend:

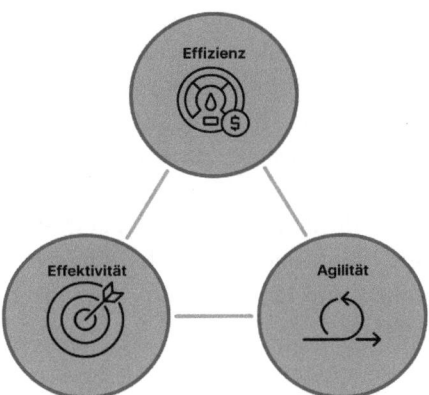

Abb. 15: Die drei Säulen eines guten Prozesses: Effektivität, Effizienz und Agilität

1. Effektivität
Der Prozess erreicht zuverlässig das definierte Ziel – sei es ein Produkt, eine Dienstleistung oder eine Entscheidung. Und zwar mit der geforderten Qualität, zum vereinbarten Zeitpunkt. Überspitzt gesagt: Es kommt nicht darauf an, wie Sie die Dinge tun, sondern dass am Ende das richtige Ergebnis steht.

2. Effizienz
Der Prozess läuft mit optimalem Ressourceneinsatz – also möglichst schnell, kostengünstig und fehlerfrei. Unnötige Schleifen, Liegezeiten, Nacharbeiten werden konsequent eliminiert. Ziel ist die maximale Wertschöpfung pro investiertem Euro und Arbeitstag. Oder wie Management-Vordenker Fredmund Malik sagt: "Effizienz heißt, die Dinge richtig tun."

3. Agilität
Der Prozess kann flexibel auf Veränderungen reagieren – seien es Nachfrageschwankungen, Lieferengpässe oder neue Kundenwünsche. Starre Abläufe weichen modularen, skalierbaren Strukturen. So gelingt die Balance aus Standardisierung und Stabilität auf der einen, Innovationskraft und Wandlungsfähigkeit auf der anderen Seite.

All diese Dimensionen – Effektivität, Effizienz, Agilität – hat die Prozessoptimierung schon immer im Blick. Aber mit herkömmlichen Methoden stößt sie rasch an Grenzen. Lean Management, Six Sigma, Kaizen – sie alle setzen primär am Offensichtlichen an: dem beobachtbaren Prozessablauf, seinen Engpässen und Fehlerquellen. Was unter der Oberfläche schlummert, an Optimierungspotential, bleibt oft verborgen.

Hier kommt nun Künstliche Intelligenz ins Spiel. Mit ihrer Fähigkeit, riesige Datenmengen zu analysieren und daraus Muster und Anomalien abzuleiten, hebt sie die Prozessoptimierung auf eine völlig neue Stufe. Quasi mit Röntgenblick durchleuchtet sie Abläufe bis ins kleinste Detail, simuliert Alternativen, identifiziert Stellhebel für Verbesserungen. Und das in einer Geschwindigkeit und Granularität, die menschlicher Beobachtung hoffnungslos überlegen ist.

> Stellen Sie sich **beispielsweise** einen **mehrstufigen Fertigungsprozess** vor – sagen wir die Produktion eines Automobils. Unzählige Faktoren beeinflussen hier Effizienz und Output: Von Maschineneinstellungen über Materialqualität und Taktzeitenspreizung bis hin zu Temperatur und Luftfeuchtigkeit in der Halle. Für das bloße Auge ist

4.2 KI als Treiber für Prozessinnovation und Prozesseffizienz

es unmöglich, all diese Parameter in Echtzeit zu erfassen, geschweige denn ihre Wechselwirkungen zu verstehen.

Ein KI-System dagegen kann genau das. Gespeist mit Sensordaten und Prozessprotokollen modelliert es den Fertigungsablauf bis ins kleinste Zahnrad, erkennt versteckte Zusammenhänge und Abweichungen. So lassen sich Flaschenhälse antizipieren, ehe sie auftreten, korreliert die KI Stillstandszeiten mit vorangegangenen Chargenmerkmalen. Auf dieser Basis generiert sie konkrete Optimierungsvorschläge, passt Parameter selbsttätig an – immer mit Blick auf höchste Anlagenproduktivität.

Aber auch jenseits der Fertigung eröffnet KI völlig neue Möglichkeiten der Prozessoptimierung. Denken Sie etwa an die Auftragsabwicklung in einem Handelsunternehmen: Vom Wareneingang über die Kommissionierung bis zum Versand durchläuft jede Bestellung Dutzende Arbeitsschritte und Systeme. Fehler, Verzögerungen, Inkonsistenzen lauern an jeder Ecke – mit fatalen Folgen für Liefertreue und Kundenbindung.

Wie wäre es nun, wenn eine KI den gesamten Order-to-Cash-Prozess durchgängig analysiert und orchestriert? Spezielle Process Mining-Algorithmen rekonstruieren aus Log-Dateien und Systemprotokollen das tatsächliche Prozessgeschehen, spüren Abweichungen und ihre Ursachen auf. Predictive Analytics sagt Nachfragespitzen und Ressourcenengpässe vorher, ermöglicht eine vorausschauende Kapazitätsplanung. Und Robotic Process Automation übernimmt Routinetätigkeiten wie Dateneingabe, Belegdruck oder Statusmeldungen – fehlerfrei, 24/7. In der Summe entsteht so ein weitgehend selbststeuernder Prozess mit geringstem manuellem Aufwand und höchster Servicequalität.

Ähnliche Szenarien lassen sich für praktisch jeden Geschäftsprozess durchspielen: Von der Reklamationsbearbeitung über die Personaladministration bis zum Compliance-Management. Überall dort, wo Abläufe komplex, fehleranfällig und schwer nachvollziehbar sind, kann KI als Prozess-Beschleuniger und -Optimierer wirken. Durch Mustererkennung und prädiktive Analysen hebt sie bislang ungenutzte Effektivitäts- und Effizienzpotentiale.

Mehr noch: Im Zusammenspiel mit anderen Technologien wie Internet of Things (IoT), Blockchain oder Virtual Reality eröffnet KI ganz neue Möglichkeiten, Prozesse zu gestalten, ja radikal neu zu denken. Smarte Produkte etwa, die ihre Entstehung und Nutzung autonom dokumentieren. Dezentral organisierte Wertschöpfungsnetzwerke mit KI-gesteuerter Ressourcenallokation. Oder rollenbasierte Prozesssimulationen, in denen Teams spielerisch neue Abläufe kreieren. Der Kreativität sind kaum Grenzen gesetzt.

Damit all das gelingt, braucht es jedoch mehr als nur Technik. Mindestens ebenso entscheidend sind die richtigen organisatorischen Rahmenbedingungen und Fähigkeiten. Allen voran ein tiefgreifendes Verständnis von Prozessmanagement und KI-Methoden. Nur wer seine Abläufe bis ins Detail kennt, Optimierungshebel identifiziert und Algorithmen gezielt einsetzt, wird die Früchte der Automatisierung ernten.

> **Prozessintelligenz** wird so zur Schlüsselkompetenz im digitalen Wettbewerb. Unternehmen müssen lernen, ihre Prozesse ganzheitlich aus Kundensicht zu denken, mit Daten zu unterfüttern und kontinuierlich zu verbessern. Silodenken, Abteilungsegoismen, starre Hierarchien sind Gift für die fluide,

KI-gestützte Prozesswelt. Gefragt sind interdisziplinäre Teams, agile Methoden, eine Kultur des Experimentierens und Lernens.

> All das erfordert ein grundlegendes Umdenken, eine neue Art der Führung und Zusammenarbeit. Weg von Command-and-Control, hin zu Selbstorganisation und Befähigung. Weg von der Fokussierung auf Einzelaufgaben, hin zur Orientierung an End-to-End-Prozessen. Weg von Absicherungsmentalität und Fehlervermeidung, hin zu mutiger Prozessinnovation. Dies ist kein Selbstläufer, sondern harte Change-Arbeit.

Erschwerend kommt hinzu: Künstliche Intelligenz ist noch immer eine junge, sich rasch entwickelnde Technologie. Standards, Best Practices, Leuchtturmprojekte sind rar. Viele Unternehmen stehen hier noch ganz am Anfang, mit mehr Fragen als Antworten. Welche Prozesse eignen sich für KI – und welche nicht? Wie lassen sich Quick Wins realisieren und zugleich strategisch wichtige Use Cases identifizieren? Wie gelingt der Brückenschlag zwischen IT und Fachabteilung?

4.2 KI als Treiber für Prozessinnovation und Prozesseffizienz

Der Weg zur Process Intelligence gleicht oft einer Expedition ins Ungewisse. Umso wichtiger ist es, besonnen und mit langem Atem zu agieren. Den KI-Einsatz nicht als Technikprojekt zu verstehen, sondern als gesamtheitliche Transformation von Organisation und Kultur. Mit klarer Vision, interdisziplinären Teams und dem Mut zu neuen Wegen. Dann kann aus Prozessen echter Wettbewerbsvorsprung erwachsen.

Fest steht: Künstliche Intelligenz wird die Art und Weise, wie Unternehmen ihre Abläufe gestalten und steuern, radikal verändern. Schon heute zeigen Vorreiter wie Amazon, Haier oder die Deutsche Bahn, was möglich ist – von autonomen Transportrobotern über predictive Wartung bis hin zur vollautomatisierten Personaleinsatzplanung. Tendenz stark steigend, auch im Mittelstand und in vormals prozessfernen Branchen.

Für Unternehmen bedeutet das zweierlei:

- Zum einen die große Chance, ihre operative Exzellenz auf ein neues Level zu heben. Prozesse zu verschlanken, zu beschleunigen, flexibler und zugleich stabiler zu machen. Konsequent Verschwendung zu eliminieren und Wertschöpfung zu maximieren. Und so Ressourcen freizusetzen für Innovationen, Wachstum, besseren Kundenservice. Das Beste aus zwei Welten, sozusagen.
- Zum anderen aber auch die Notwendigkeit, sich grundlegend neu aufzustellen. Gewohnte Abläufe und Strukturen infrage zu stellen, heilige Kühe zu schlachten. Mitarbeiter konsequent weiterzubilden und zu befähigen, als Dirigenten und Übersetzer einer KI-gestützten Prozesssymphonie zu wirken. Und die Risiken der Automatisierung – von Verantwortungsdiffusion bis zum Kompetenzabbau – aktiv zu managen. Keine leichte Übung.

> Eines ist klar: Der Weg zum KI-optimierten Unternehmen führt nur über die Neugestaltung von Prozessen.

Sie ist der Schlüssel, um das volle Potential der Technologie auszuschöpfen – in Sachen Effizienz, Agilität und Innovation. Wer das verschläft, wer an tradierten Abläufen klebt, wird im Wettbewerb der Algorithmen schnell unter die Räder kommen. Schleichend zuerst, dann umso disruptiver.

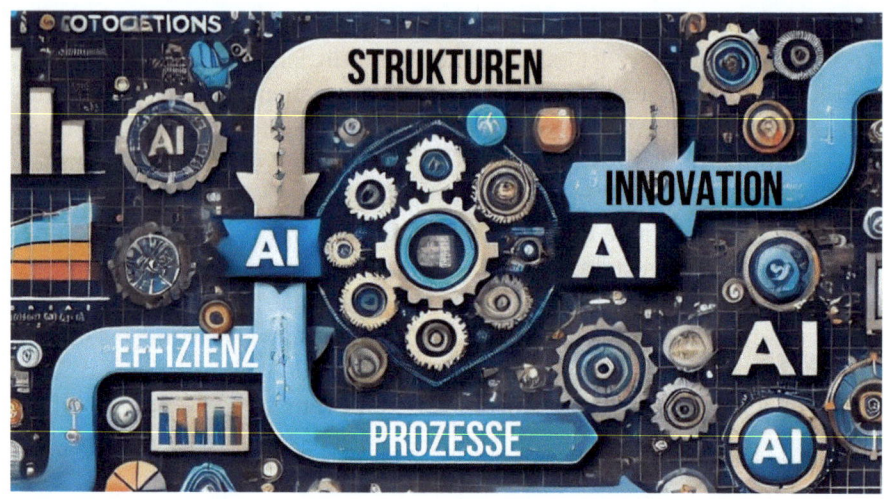

Abb. 16: Veränderungen von Strukturen und Prozessen durch KI

Umgekehrt winken jenen, die ihre Prozesswelten mutig neu erfinden, gewaltige Mehrerträge – in allen Dimensionen. Von der 20-prozentigen Produktivitätssteigerung bis zur Halbierung der Time-to-Market, vom Null-Fehler-Kundenservice bis zum kognitiv entlasteten, auf Kreativität fokussierten Mitarbeiter. Process Mining, Robotic Automation und Predictive Optimization sind die Turbos, mit denen die Transformation gelingt.

Nun mag all das utopisch klingen, wie Science-Fiction. Aber die Technologien und Methoden sind da, die Vorbilder auch. Was noch fehlt, ist die kreative Überzeugung, der unbeirrbare Veränderungswille von Führungskräften und Mitarbeitern gleichermaßen. Der Mut, radikal aus Kundensicht zu denken und liebgewonnene Zöpfe abzuschneiden. Letztlich ist genau das der Kern einer erfolgreichen KI-Adaption.

Denn bei aller Technologie geht es am Ende um den Menschen. Darum, ihn mitzunehmen auf dem Weg in neue Arbeitswelten und Wertschöpfungsmodelle. Seine Ängste ernst zu nehmen und Perspektiven aufzuzeigen. Vor allem aber seine ureigensten Potentiale zu heben – als Gestalter, Entscheider, Beziehungsmanager. Immer an der Seite lernfähiger Algorithmen, die ihm Routinen und Fehlerquellen abnehmen.

Genau darin liegt die größte Verheißung von KI in Geschäftsprozessen: Uns zu zeigen, was menschliche Intelligenz im Kern ausmacht. Empathie und Kreativität, Urteilsvermögen und ethisches Handeln. Wer wäre berufener als wir selbst, diese Fähigkeiten in algorithmisch entlasteten Arbeitswelten endlich voll zu entfalten – zum Wohle von Kunden, Unternehmen, Gesellschaft?

Es liegt an uns, die Zukunft der Prozesse ebenso faszinierend wie menschenzentriert zu gestalten. Mit Künstlicher Intelligenz als Enabler und Befähiger, nicht als Selbstzweck oder gar Bedrohung. Im Vertrauen auf unsere ureigenen Stärken, im Dialog zwischen Mensch und Maschine. Wenn uns das gelingt, schöpfen wir das Beste aus beiden Welten.

Die wesentlichen Lerninhalte sind hier nochmals zusammengefasst:

- *KI ermöglicht es Unternehmen, Prozesse schneller und innovativer zu gestalten, indem sie Datenanalysen automatisiert und bessere Entscheidungsgrundlagen liefert.*
- *Durch KI können ineffiziente Prozesse identifiziert und durch automatisierte Lösungen verbessert werden, was zu höherer Produktivität führt.*
- *Unternehmen können durch den gezielten Einsatz von KI Ressourcen effizienter nutzen und operative Kosten senken.*
- *KI analysiert Echtzeitdaten, um Prozesse dynamisch anzupassen und optimale Ergebnisse zu erzielen.*
- *Mithilfe von KI können Fehler in Prozessen reduziert werden, was zu einer höheren Zuverlässigkeit und Qualität führt.*

4.3 Automatisierung und Effizienzsteigerung durch KI

In der modernen Arbeitswelt sehen sich Mitarbeiter und Führungskräfte mit einer Flut von Informationen und Aufgaben konfrontiert. E-Mails, Meetings, Reports, Abstimmungen – die tägliche Routine ist vollgepackt mit Aktivitäten, die zwar irgendwie erledigt werden müssen, aber oft wenig Bezug zum eigentlichen Wertschöpfungsprozess haben.

Studien zufolge verbringen Büroangestellte bis zu 70 % ihrer Arbeitszeit mit administrativen Tätigkeiten. Zeit, die für strategisches Denken, Kreativität und Kundenbeziehungen fehlt.

Genau hier setzt KI-gestützte Prozessautomatisierung an. Spezielle Algorithmen übernehmen Standards Routinen, die einem klaren Schema folgen – von der Rechnungsbearbeitung über die Dokumentenverwaltung bis hin zum Kundensupport. Der Clou dabei: Anders als starre Wenn-Dann-Entscheidungen lernen KI-Systeme aus Erfahrung dazu, verbessern sich mit jeder Transaktion. So werden Abläufe nicht nur schlanker, sondern auch intelligenter und flexibler.

Nehmen wir ein konkretes **Beispiel** – sagen wir die Bearbeitung von **Reisekostenabrechnungen** in einem Großunternehmen. Bislang wurden die Belege manuell gesammelt, geprüft, eingebucht, zur Erstattung freigegeben. Ein aufwendiger, fehleranfälliger Prozess, der nicht nur viel Zeit und Nerven kostet, sondern auch wertvolles Controlling-Knowhow bindet. Wie sähe nun eine KI-optimierte Lösung aus?

Abb. 17: Die sechs Schritte zur KI-gestützten Reisekostenabrechnung: Automatisierung, Prüfung und kontinuierliche Optimierung

1. Digitaler Posteingang
Mitarbeiter fotografieren ihre Belege mit dem Smartphone und senden sie an eine zentrale Mailbox. Dort landen auch elektronische Rechnungen von Reisedienstleistern, Hotels oder Mietwagenanbietern. Alle Formate werden automatisch erkannt und an die zuständige Verarbeitungsroutine weitergeleitet. Lästiges Sortieren und Abtippen entfällt.

2. Intelligente Belegerfassung
Eine KI-gestützte Texterkennungssoftware liest die relevanten Informationen aus den Belegen aus – von Betrag und Währung über

Datum und Kategorie bis hin zur Kostenstelle. Bei unklaren oder unvollständigen Angaben fragt das System gezielt nach. Die extrahierten Daten werden in einem strukturierten Format gespeichert und an das ERP-System übergeben.

3. Regelbasierte Prüfung
Ein Regelwerk aus Compliance-Vorschriften, Firmenrichtlinien und Best Practices überprüft die Belege auf Plausibilität und Zulässigkeit. Dabei können auch externe Datenquellen wie Wechselkurse oder Ortsinformationen einbezogen werden. Auffällige oder abweichende Posten werden markiert und zur menschlichen Prüfung vorgelegt. Der Rest wird automatisch gebucht.

4. Mustererkennung und Betrugsprävention
Im Hintergrund analysiert die KI das Abrechnungsverhalten auf verdächtige Muster und Anomalien. Häufen sich beispielsweise Belege knapp unter der Grenze für Einzelnachweise? Gibt es auffällige regionale oder abteilungsbezogene Abweichungen? Solche Indizien können auf Missbrauch oder Betrugsversuche hinweisen. Die KI schlägt dann vertiefende Stichproben oder Prüfungen vor.

5. Automatische Zahlungsabwicklung
Nach erfolgreicher Prüfung und Buchung werden die Erstattungsbeträge angewiesen – als Überweisung oder in Form von Gutschriften auf Firmenkonten. Auch die zugehörige Korrespondenz per E-Mail oder App erfolgt weitgehend automatisiert, inklusive Statusverfolgung und Erinnerungsfunktion. Lediglich Sonderfälle und Eskalationen erfordern noch menschliches Eingreifen.

6. Selbstlernende Optimierung
Alle Schritte und Entscheidungen des Prozesses werden fortlaufend protokolliert und ausgewertet. Auf dieser Basis optimiert die KI ihre Parameter, verfeinert Muster und passt Regeln dynamisch an. So lernt das System mit jeder Reisekostenabrechnung dazu – nicht nur in Bezug auf Effizienz, sondern auch Anwender- und Prüfungsfreundlichkeit. Im Idealfall merken die Mitarbeiter kaum noch, dass ein Algorithmus am Werk ist.

Wie Sie sehen, erfasst die KI-basierte Automatisierung den gesamten End-to-End-Prozess, von der Belegerfassung bis zur Auszahlung. Eingriffe durch Sachbearbeiter sind nur noch in Ausnahmefällen nötig.

Standardabläufe übernimmt die Maschine, fehlerfrei und 24/7. Möglich wird dies durch das Zusammenspiel verschiedener KI-Techniken – von Natural Language Processing über regelbasierte Systeme und Machine Learning bis hin zu Robotic Process Automation.
Wohlgemerkt: Es geht hier nicht um stupide Skript-Automatisierung. Das Besondere ist die kognitive, lernfähige Komponente. Die KI erkennt Zusammenhänge, zieht Rückschlüsse, verbessert sich durch Feedback. Sie arbeitet Seite an Seite mit menschlichen Experten, entlastet und unterstützt sie. Nicht als Ersatz, sondern als Erweiterung und Befähigung. So entsteht allmählich eine neue Arbeitsteilung zwischen Algorithmen und Fachkräften.

Natürlich lässt sich diese Logik nicht nur auf Reisekostenabrechnungen anwenden. Praktisch jeder regelbasierte, dokumentenlastige Geschäftsprozess kommt als Kandidat infrage – von der Kreditantrags-Bearbeitung in Banken über das Vertragsmanagement in Versicherungen bis hin zur Qualitätsprüfung in der Fertigung. Die Grundprinzipien sind stets dieselben: Digitale Erfassung, KI-Werkzeuge analysieren die Prüfungsergebnisse in Echtzeit und leiten daraus Optimierungsvorschläge für Design, Material oder Montageprozesse ab.

Kombiniert mit VR/AR-Technologie lassen sich so Produktfehler schon im virtuellen Prototypenstadium erkennen und beheben – lange bevor sie in der realen Fertigung Ausschuss und Zusatzkosten verursachen. Quality Intelligence at its best.

Alle diese Beispiele zeigen: Robotic Process Automation in Verbindung mit kognitiven KI-Fähigkeiten hebt die Prozessoptimierung auf ein völlig neues Level. Bislang ging es vorrangig darum, klar definierte Routinen zu beschleunigen und von menschlicher Arbeit zu entkoppeln. Mit lernenden Algorithmen werden nun auch variable, kontextabhängige Abläufe automatisierbar – der Schritt von rigiden Skripten zu flexibler Prozessintelligenz.

Die Vorteile liegen auf der Hand:

- Geringere Kosten,
- höhere Geschwindigkeit,
- bessere Qualität.

Studien gehen davon aus, dass sich durch KI-gestützte Automatisierung bis zu 30 % der Backoffice-Tätigkeiten einsparen lassen. Viele

4.3 Automatisierung und Effizienzsteigerung durch KI

Unternehmen berichten von einer Halbierung der Durchlaufzeiten in Schlüsselprozessen wie Auftragsabwicklung oder Schadenmanagement. Gleichzeitig sinken Fehlerquoten gegen Null, weil menschliche Flüchtigkeitsfehler entfallen.

Mindestens ebenso wichtig sind aber die indirekten Effekte: Wenn Mitarbeiter von stupiden Routinen entlastet werden, können sie sich auf wertschöpfende, kreative Tätigkeiten konzentrieren. Beratung, Problemlösung, Kundenbeziehung – all das rückt in den Fokus. Aus Sachbearbeitern werden empathische Experten, die komplexe Fälle lösen. Aus Managern werden visionäre Leader, die neue Chancen erschließen. Kurz: Menschliche Intelligenz wird frei für das, was Menschen am besten können.

Dazu kommt: Selbstlernende Prozesse sind weit besser als menschliche Teams in der Lage, sich dynamisch an Veränderungen anzupassen. Nachfrageschwankungen, Ressourcenengpässe, neue Regularien – KI-Systeme erkennen solche Entwicklungen frühzeitig aus Datenmustern und justieren Abläufe automatisch nach. Prozesse werden agiler und resilienter zugleich – ein Muss in Zeiten von Unsicherheit und Disruption.

> Allerdings: Der Weg zur autonomen Prozesswelt ist keine Selbstverständlichkeit. Noch stehen viele Unternehmen ganz am Anfang. Erstmal müssen Abläufe standardisiert, strukturiert und mit validen Daten unterfüttert werden. Dann braucht es passgenaue KI-Modelle, die kontinuierlich trainiert und überwacht werden müssen. Und nicht zuletzt gilt es, Mitarbeiter mitzunehmen, zu qualifizieren und neue Rollen zu definieren.

All das ist harte Change-Arbeit, die weit über IT-Fragen hinausgeht. Neue Fähigkeiten sind gefragt, von Data Science über Design Thinking bis hin zu ethischer Kompetenz. Strukturen und Führungskonzepte müssen sich fundamental wandeln – weg von Silos und Hierarchien, hin zu agilen, interdisziplinären Teams und Netzwerken. Vor allem aber braucht es ein neues Mindset in der Belegschaft: Mut zum Experiment, Offenheit für KI, Abschied von Command-and-Control.

Richtig angegangen, eröffnet Prozessautomation durch KI jedoch immense Chancen – für Effizienz, Innovation und Mitarbeiterzufriedenheit gleichermaßen. Unternehmen sollten die Technologie daher nicht als Bedrohung sehen, sondern als Ermöglicher für eine neue, freiere Form des Arbeitens. Als Plattform für menschliche Kreativität und Exzellenz im digitalen Zeitalter. So wird der Weg frei für eine positive Symbiose von Mensch und Maschine.

Um dieses Potenzial zu heben, müssen freilich noch einige dicke Bretter gebohrt werden – technisch, organisatorisch und kulturell. Lassen Sie uns nun beleuchten, welche Voraussetzungen, Herausforderungen und Erfolgsmuster bei der KI-gestützten Prozessautomatisierung zu beachten sind.

Denn wie bei jeder kraftvollen Technologie gilt: "Mit großer Macht kommt große Verantwortung!"

Die wesentlichen Lerninhalte sind hier nochmals zusammengefasst:

- *KI reduziert die Belastung durch administrative Routinen, indem sie Aufgaben wie Dateneingabe, Dokumentenverarbeitung und Kundenanfragen intelligent und flexibel automatisiert.*
- *Die Kombination aus Robotic Process Automation (RPA) und lernenden Algorithmen ermöglicht es, sowohl standardisierte als auch kontextabhängige Prozesse effizient und fehlerfrei abzuwickeln.*
- *Durch intelligente Prozesssteuerung und Predictive Maintenance minimiert KI Stillstände und steigert die Produktivität in Bereichen wie Fertigung und Logistik.*
- *KI verbessert die Entscheidungsfindung durch Echtzeitdatenanalyse, was die Flexibilität und Präzision von Geschäftsprozessen erhöht.*
- *Die Einführung von KI erfordert technologische, organisatorische und kulturelle Anpassungen, um ihr Potenzial in vollem Umfang auszuschöpfen.*

4.4 Verbesserte Entscheidungsfindung durch KI

Prozesse zu automatisieren und zu beschleunigen, ist das eine. Doch in einer immer komplexeren, dynamischeren Geschäftswelt kommt es mehr denn je auch auf die Qualität von Entscheidungen an. Sei es in der strategischen Planung, im operativen Management oder im Kundenservice – überall müssen täglich Weichen gestellt werden, oft unter Zeitdruck und

4.4 Verbesserte Entscheidungsfindung durch KI

auf Basis unvollständiger Informationen. Genau hier kann KI ihre Stärken voll ausspielen – als "kognitiver Assistent", der Entscheider unterstützt und befähigt.

Aber beginnen wir von vorne: Was macht eine gute Entscheidung eigentlich aus? Im Kern geht es darum, aus einer Vielzahl von Optionen die beste Alternative auszuwählen – also jene mit dem größten erwarteten Nutzen bzw. dem geringsten Risiko. Dazu muss man Informationen sammeln, Konsequenzen abwägen, Unsicherheiten und Zielkonflikte austarieren. All das erfordert kognitive Leistungen wie logisches Schlussfolgern, Mustererkennung und Vorstellungskraft.

Menschliches Denken stößt dabei schnell an Grenzen. Unser Arbeitsgedächtnis kann nur wenige Infohäppchen auf einmal verarbeiten. Wir neigen dazu, Wahrscheinlichkeiten falsch einzuschätzen und lassen uns von Emotionen leiten. Auch Zeitnot und Stress beeinträchtigen unsere Rationalität, von tief verwurzelten Denkmustern und Vorurteilen ganz zu schweigen. Kurzum: Unsere Entscheidungsfindung ist fehleranfällig und alles andere als optimal.

Hier kommt nun KI ins Spiel. Mit ihrer schier grenzenlosen Rechen- und Speicherleistung, gepaart mit Fähigkeiten wie logischer Inferenz und Prognose, kann sie menschliche Intelligenz in vielen Aspekten übertreffen. Algorithmen werten riesige Datenmengen in Echtzeit aus, erkennen Muster, die wir übersehen, durchdenken zig Szenarien parallel. Und anders als Menschen werden sie nicht müde und lassen sich auch von Emotionen oder Vorurteilen nicht beirren.

Lassen Sie uns das an einigen Beispielen durchspielen:
Nehmen wir an, ein **Einzelhändler** muss sein Sortiment für die nächste Saison planen. Welche Artikel soll er in welchen Mengen ordern, um Umsatz und Marge zu optimieren? Bisher ließ man sich dabei primär von Verkaufszahlen der Vorjahre und Trends aus Modemetropolen leiten. Viel Bauchgefühl, wenig harte Fakten – mit dem Risiko, auf falsche Produkte zu setzen oder Bestseller zu verpassen.

Mit KI-gestützter Prognose sieht das ganz anders aus. Algorithmen analysieren Abverkäufe auf Artikel-Ebene, erkennen saisonale Muster und Anomalien. Sie analysieren Social-Media-Daten, um Trends frühzeitig zu identifizieren und Kundensentiments zu messen. Und sie erstellen auf Basis von demografischen und Wetterdaten hyperlokal optimierte

Sortimentsempfehlungen für jede einzelne Filiale. Das Ergebnis: Treffsicherere Vorhersagen, weniger Überhänge, höhere Margen.

Oder stellen Sie sich die Auftragssteuerung in einem **Industrieunternehmen** vor. Fertigungsaufträge müssen priorisiert, Kapazitäten und Materialien allokiert werden. Bisher geschah das oft nach starren Regeln wie "First-in-first-out", ergänzt um gut Zureden aus Vertrieb und Einkauf. Mit der Folge, dass eilige Orders liegen blieben, während unwichtige Aufträge die Produktion blockierten. Von Verschwendung durch Fehlmengen und Leerlauf ganz zu schweigen.

Eine KI hingegen optimiert die Auftragsplanung ganzheitlich und in Echtzeit. Sie erfasst Daten zu Anlagenzuständen, Personalverfügbarkeiten, Materialbeständen und Lieferterminen und errechnet daraus ständig den optimalen Produktionsmix. Eilaufträge werden dynamisch priorisiert, Kapazitätslücken intelligent gefüllt. Gleichzeitig warnt die KI frühzeitig vor Engpässen und empfiehlt präventive Gegenmaßnahmen. Auslastung und Liefertreue steigen, Kosten sinken.

Und was, wenn wichtige Parameter wie Auftragsmenge oder Materialbeschaffenheit unsicher sind? Auch damit kann KI weit besser umgehen als der Mensch. Stochastische Optimierungsverfahren wie die Monte-Carlo-Simulation spielen Tausende von Szenarien durch und ermitteln die robusteste Lösung. Der Entscheider sieht auf einen Blick, mit welchem Plan er für die meisten Eventualitäten gewappnet ist.

Gerade in Krisenzeiten ist das ein unschätzbarer Vorteil. Ob Nachfrage-Schocks, Liefer-Engpässe oder Rohstoff-Preisexplosionen – KI-gestützte Systeme helfen, den Überblick zu behalten und faktenbasiert zu navigieren. Sie machen komplexe Wirk-Zusammenhänge transparent, gleichen Szenarien mit Echtzeitdaten ab und schlagen Handlungsalternativen vor. Decision Intelligence par excellence.

Das Beste: KI-Modelle lernen mit jeder Entscheidung dazu. Einmal trainiert, werden sie von Tag zu Tag treffsicherer. Sie erkennen subtile Muster im Marktgeschehen und leiten daraus immer präzisere Prognosen und Empfehlungen ab. So werden Unternehmen effizienter und agiler zugleich – zwei entscheidende Fähigkeiten im volatilen "New Normal".

Aber KI kann noch mehr, als "nur" rationale Entscheidungen zu treffen. Mit Techniken wie sentiment analysis und emotionaler KI wird sie auch zunehmend "menschlicher" im besten Sinne. Sie erkennt Gefühle und Stimmungen aus Sprache, Mimik und Tonfall und passt ihr Verhalten entsprechend an. So wird die Maschine zum empathischen Gesprächspartner, der Kunden und Mitarbeiter versteht und einfühlsam unterstützt.

Man denke etwa an einen **Versicherungs-Chatbot**, der verunfallten Kunden mitfühlend zur Seite steht. Der die Wortwahl und Tonalität der Situation anpasst, aufkommende Verunsicherung oder Verärgerung erkennt und deeskalierend eingreift. Und der zugleich aus Daten zu Schadenshergang, Versicherungshistorie und Kundenprofil lernt, um individuelle Lösungen und Services vorzuschlagen. Ganz nach dem Motto: Erst verstehen, dann beraten.

Ähnlich funktioniert die KI-gestützte **Personaleinsatzplanung in Callcentern**. Algorithmen analysieren Anrufvolumen, Gesprächsthemen und Kundenstimmung in Echtzeit und ordnen dynamisch jene Agenten zu, die charakterlich und fachlich am besten passen. Introvertierte Mitarbeiter bekommen eher sachliche Anfragen, Empathieprofis die emotionalen Fälle. Das Ergebnis sind zufriedenere Kunden und Mitarbeiter – und weniger Burnouts auf beiden Seiten.

All diese Beispiele zeigen: KI hat das Potenzial, Entscheidungsprozesse in Unternehmen radikal zu verbessern. Indem sie Komplexität meistert, Unsicherheiten eindämmt und menschliche Voreingenommenheiten ausgleicht. Indem sie Optionen ganzheitlich durchdenkt und die bestmögliche Wahl trifft. Und indem sie zunehmend auch "weiche" Faktoren wie Gefühle in ihre Empfehlungen einbezieht. Das Ergebnis sind schnellere, fundiertere und einfühlsamere Entscheidungen.

Damit das gelingt, müssen Unternehmen jedoch die richtigen Voraussetzungen schaffen – technisch wie organisatorisch. Zunächst braucht es eine solide Datenbasis als Futter für die Algorithmen. Je mehr Informationen aus internen und externen Quellen einfließen, desto besser kann die KI lernen und optimieren. Dann gilt es, die Modelle fortlaufend zu trainieren und zu überwachen, um Fehlentwicklungen zu vermeiden. Kein leichtes Unterfangen bei der Vielzahl an Parametern und Wechselwirkungen.

Gleichzeitig muss das Zusammenspiel zwischen Mensch und Maschine orchestriert werden. Denn eines ist klar: KI ist kein Allheilmittel, das stets die "perfekte" Lösung liefert. Sie ist und bleibt ein Werkzeug, das menschlichen Sachverstand ergänzt und erweitert. Entscheider müssen also lernen, die Vorschläge der Algorithmen kritisch zu hinterfragen und mit ihrer Erfahrung abzugleichen. KI-Expertise wird zur Schlüsselkompetenz auf allen Führungsebenen.

Auch ethische und rechtliche Aspekte gilt es zu bedenken. Gerade wenn KI weitreichende Entscheidungen etwa über Kreditvergabe oder Personalauswahl trifft, müssen Fairness, Nachvollziehbarkeit und Anonymität gewahrt bleiben. Diskriminierung durch verzerrte Trainingsdaten, intransparente Entscheidungslogiken, ungewollte Datenweitergabe – die Risiken sind vielfältig. Hier sind klare Leitlinien und Kontrollmechanismen gefragt.

Trotz dieser Herausforderungen: Das Potenzial von KI in der Entscheidungsunterstützung ist enorm. Wenn Unternehmen es richtig anpacken, winken Produktivitätssprünge und Wettbewerbsvorteile sondergleichen. Studien gehen davon aus, dass KI-basierte Systeme Entscheidungen um bis zu 20 % verbessern können – mit entsprechenden Ergebnishebeln. Tendenz steigend, dank immer leistungsfähigerer Algorithmen und Datensätze.

> Mehr noch: Im Zusammenspiel mit Robotic Process Automation und Workflow-Engines lässt sich die Umsetzung von Entscheidungen sogar weitgehend automatisieren. Die KI wählt die beste Option und triggert eigenständig nötige Aktionen in den operativen Systemen – der Mensch behält nur die Oberaufsicht. So entstehen kognitive, selbstoptimierende Regelkreise, die blitzschnell auf jede Marktveränderung reagieren. Ein Quantensprung für Unternehmenssteuerung und Agilität.

Auf lange Sicht könnten so ganze Firmen- und Geschäftsbereiche weitgehend autonom agieren, orchestriert von algorithmischer Business Intelligence. Mitarbeiter und Führungskräfte hätten den Kopf frei für kreative, zwischenmenschliche Aufgaben, während KI die analytische Denkarbeit erledigt. Mensch und Maschine als "Dreamteam", das sich wechselseitig beflügelt und Synergien hebt. Klingt nach Science-Fiction? Die Ansätze dafür werden gerade entwickelt.

Freilich ist der Weg bis dahin noch weit. Aber erste Etappenziele sind schon greifbar: Assistenzsysteme für Schlüsselentscheidungen, nahtlos integriert in Unternehmensprozesse. Tools, die spezifisches Domänenwissen mit State-of-the-Art Algorithmen verbinden. Und digitale "Sparringspartner", die Entscheider durchdacht challengen, über den Tellerrand zu blicken. Je besser KI und Mensch dabei interagieren, desto größer der Mehrwert.

4.4 Verbesserte Entscheidungsfindung durch KI

Eines ist sicher: Unternehmen, die dieses Potenzial ignorieren, dürften schon bald ins Hintertreffen geraten. Denn in einer Welt, in der alles mit allem vernetzt ist und Daten der Treibstoff sind, wird die Qualität von Entscheidungen mehr denn je zum Erfolgsfaktor. Wer die Erkenntniskraft von Mensch und Maschine intelligent verbindet, gewinnt – in Sachen Wettbewerbsfähigkeit, Innovation und Wertschöpfung.

Die gute Nachricht: Viele Anwendungen für KI-gestützte Entscheidungsunterstützung sind längst keine Glaubensfrage mehr, sondern konkret umsetzbar. Mit überschaubarem Aufwand lassen sich so Quick Wins realisieren, die die digitale Transformation befeuern. Doch Vorsicht: Ohne klare Strategie, sauberes Datenmanagement und Akzeptanz in der Belegschaft läuft die Sache ins Leere. Wie so oft ist die Technologie nur Enabler, kein Selbstzweck.

Wo also ansetzen? Am besten dort, wo die Hebelwirkung am größten ist: Bei wiederkehrenden, aber komplexen Entscheidungen mit hoher Geschäftsrelevanz. Ob Preissetzung, Kampagnensteuerung oder Risk Management – die Use Cases sind vielfältig. Auch Bereiche mit Fachkräftemangel sind prädestiniert, etwa Diagnostik oder Instandhaltung. Überall dort zahlt sich die Symbiose von Mensch und KI schnell und nachhaltig aus.

Abb. 18: Entscheidungsunterstützung durch KI

Worauf es ankommt, ist eine ganzheitliche Perspektive: KI-Entscheidungsunterstützung nicht als isolierte Insellösung, sondern als integralen Teil von Unternehmensprozessen und -strategien begreifen. Den Veränderungsprozess aktiv gestalten, Mitarbeiter schulen und mitnehmen. Und sich stets der ethischen Dimension bewusst sein, wenn Algorithmen weitreichende Entscheidungen treffen.

So kann aus dem abstrakten Schlagwort "KI" ein konkreter, greifbarer Wertschöpfungshebel werden. Im Kleinen für einzelne Use Cases, im Großen für ganze Geschäftsmodelle und Managementsysteme. Schritt für Schritt in Richtung kognitives Unternehmen – mit der Intelligenz von Mensch und Maschine als Wettbewerbsvorteil. Ein fortlaufendes Experiment, bei dem wir alle jeden Tag ein Stück schlauer werden.

Angesichts der rasanten Fortschritte, die KI im Bereich Entscheidungsfindung macht, scheint eines sicher: Der Siegeszug der Algorithmen im Management hat gerade erst begonnen. Umso wichtiger, dass Unternehmen jetzt aktiv werden, Erfahrungen sammeln, Strukturen anpassen. So meistern sie nicht nur die Herausforderungen der Gegenwart, sondern gestalten auch ihre Zukunftsfähigkeit. Denn in einer Welt im Umbruch zählt vor allem eines: Schnell und richtig zu entscheiden. Mit KI, mit Köpfchen – und mit Herz und Verstand.

Die wesentlichen Lerninhalte sind hier nochmals zusammengefasst:

- *KI unterstützt als "kognitiver Assistent" die Entscheidungsfindung, indem sie riesige Datenmengen analysiert, Muster erkennt und Szenarien simuliert, wodurch die Qualität und Geschwindigkeit von Entscheidungen steigt.*
- *Durch datengestützte Empfehlungen reduziert KI menschliche Fehler, die oft aus begrenztem Arbeitsgedächtnis, Stress oder Vorurteilen resultieren, und liefert präzisere Ergebnisse in Echtzeit.*
- *Anwendungsbeispiele reichen von optimierter Produktionsplanung bis zur Standortwahl, wobei KI datenbasierte Entscheidungen ermöglicht, die vorher auf Bauchgefühl basierten.*

- KI schafft flexible und selbstoptimierende Prozesse, die sich dynamisch an veränderte Bedingungen anpassen und so Resilienz und Effizienz verbessern.
- Trotz fortschrittlicher Algorithmen bleibt der Mensch verantwortlich, da KI als intelligenter Sparringspartner die Entscheidungen ergänzt, jedoch nicht ersetzt.

4.5 Personalisierung und Kundenorientierung in Prozessen

In den bisherigen Abschnitten haben wir gesehen, wie KI Unternehmensprozesse effizienter, intelligenter und agiler macht – primär mit Blick auf interne Zielgrößen wie Kosten, Qualität, Geschwindigkeit. Doch Prozessoptimierung ist kein Selbstzweck. Am Ende muss alles dem Kunden dienen. Seine Bedürfnisse sind der ultimative Referenzpunkt, an dem sich jede Aktivität messen lassen muss.

> Kurz gesagt: Prozesse sind erst dann perfekt, wenn sie ein perfektes Kundenerlebnis schaffen.

Doch was heißt das konkret "perfektes Kundenerlebnis"? Im Kern geht es darum, Produkte und Services passgenau auf individuelle Vorlieben, Umstände und Kontexte zuzuschneiden. Den Kunden ganzheitlich zu verstehen und ihm in jedem Moment genau das zu bieten, was für ihn relevant und hilfreich ist. Proaktiv, wertschätzend, einfach. So, als würde man einen guten Freund bedienen.

Klingt einfach, ist aber alles andere als trivial. Denn Kunden sind so vielfältig wie das Leben selbst. Jeder hat seine eigenen Vorstellungen, Präferenzen, Eigenheiten. Manche wollen zuvorkommend umsorgt werden, andere in Ruhe gelassen. Der eine begeistert sich für technische Details, der andere will nur das Nötigste wissen. All diese Facetten zu erkennen und im richtigen Moment das Richtige zu tun – darin liegt die hohe Kunst der Kundenzentrierung.

Genau hier kommt nun KI ins Spiel. Mit ihrer Fähigkeit, riesige Datenmengen blitzschnell zu analysieren und in individuelle Echtzeit-Insights zu verwandeln, kann sie Personalisierung und proaktive Betreuung auf ein völlig neues Level heben. Algorithmen clustern Kundenpräferenzen, identifizieren Erfolgsmuster, sagen nächstbeste Aktionen vorher. So gelingt die perfekte Orchestrierung aller Touchpoints – von Marketing und Vertrieb über Service bis hin zu Produktion und Logistik.

Stellen Sie sich zum Beispiel vor, Sie wollten eine Reise buchen. Bisher bedeutete das oft mühsames Suchen auf Dutzenden Websites, Vergleichen von Preisen und Konditionen, Durchforsten von Bewertungsportalen. Am Ende stand mit etwas Glück ein akzeptabler Deal – vorausgesetzt, man hatte die nötige Zeit und Ausdauer. Von einem nahtlosen, begeisternden Kundenerlebnis konnte keine Rede sein.

Ganz anders sieht das nun mit einem KI-gestützten Reiseassistenten aus. Schon beim ersten Kontakt erkennt er aus Browserverhalten und -historie Ihre groben Absichten – Geschäftsreise oder Urlaub, Fernweh oder Städtetrip. Ein paar gezielte Nachfragen später hat er Ihr Motivprofil und Budget erfasst, gleicht es mit ähnlichen Kundenhistorien ab. Dann durchforstet er blitzschnell Angebote, Kundenfeedback und Geo-Daten und schlägt passgenau die Reisen vor, die am besten zu Ihnen passen.

> **Beispiel aus der Reisebranche:**
> Angenommen, Sie buchen nun einen Trip nach Rom. In dem Moment startet eine nahtlose Customer Journey über alle Kanäle hinweg. Per Mail erhalten Sie einen personalisierten Reiseführer mit Geheimtipps, zugeschnitten auf Ihre Interessen. Beim Check-In wünscht Ihnen das Airline-Portal einen guten Flug, schlägt die besten Transfers vor. Vor Ort empfiehlt Ihnen die Hotelapp laufend Ausflüge und Restaurants in der Nähe, ganz nach Ihrem Geschmack. Und wird später ein ähnlicher Trip gebucht, sind Sie der erste, der davon erfährt. Inklusive Sonderkonditionen als Dankeschön für Ihre Loyalität.
> Merken Sie was? Der gesamte Reiseprozess – von Inspiration über Buchung bis hin zur Nachbetreuung – wird zu einem ganzheitlichen, hochindividuellen Erlebnis. Nicht, weil dahinter eine Armee von Kundenberatern steht. Sondern weil KI in Echtzeit Daten verknüpft, Präferenzen versteht und immer die nächste beste Aktion auslöst. Voll automatisch, aber so persönlich, als würde man von einem Butler begleitet.
> Natürlich ist das Reisebeispiel nur eines von vielen. Ob Mobilität, Gesundheit, Finanzwesen oder Bildung – überall können durchgängige, KI-gesteuerte Serviceprozesse völlig neue Erlebnisqualitäten schaffen.

Ein Krankenhaus etwa, das Patienten je nach Indikation und Gemütslage mit personalisierten Therapien, Speiseplänen und Genesungstipps versorgt. Oder eine Bank, die nicht nur clevere Anlagevorschläge macht, sondern ganzheitlich als Vermögenscoach agiert.
Der Phantasie sind dabei kaum Grenzen gesetzt. Je mehr Daten zur Verfügung stehen und je intelligenter die Algorithmen werden, desto magischer die Momente, die sich kreieren lassen. Experten sprechen bereits von "Hyper-Personalisierung" – davon, dass Prozesse und Touchpoints irgendwann so individuell werden wie ein Fingerabdruck. Dienste, die uns besser kennen als wir uns selbst. Die uns inspirieren und eigene Bedürfnisse entdecken lassen.

Soweit die Vision. Doch um sie Wirklichkeit werden zu lassen, braucht es mehr als Algorithmen und Analysen. Vielmehr ist ein tiefgreifendes Umdenken in Unternehmen nötig – weg von linearen, inside-out getriebenen Abläufen, hin zu vernetzten, kundenzentrierten Prozessökosystemen. Mit dem Verbraucher als Boss, Treiber und ultimativem Wertschöpfungspartner.

Konkret bedeutet das: Jeder Unternehmensbereich – von der Produktentwicklung bis zum Kundenservice – muss konsequent aus Kundensicht gedacht und auf deren Bedürfnisse ausgerichtet werden. Interne Strukturen und Kennzahlen spielen nur noch eine untergeordnete Rolle. Was zählt, ist die nahtlose, begeisternde Customer Experience. Sie wird zum Leitstern, an dem sich alles orientiert.

Ein **Beispiel**: In einem **Software-Unternehmen** wurde die Entwicklung bisher streng nach technischen Anforderungen gesteuert. Marketing und Vertrieb bekamen die neuen Features erst kurz vor Release zu sehen, Anwender noch später. Folge waren Produkte, die am Markt vorbeigeplant waren – mit Funktionen, die keiner brauchte, und Bugs, die viele störten. Kundenzufriedenheit und -bindung litten.
Mit KI-gestützter Personalisierung sieht der Prozess nun ganz anders aus: Schon in der Ideation spielen Daten zu Kundenverhalten, -feedback und -trends die Hauptrolle. User Journeys und Erlebnisszenarien treiben die Anforderungen, nicht technische Spezifikationen. In einem agilen, interdisziplinären Entwicklungsprozess entstehen dann Lösungen, die wie maßgeschneidert auf echte Probleme sitzen. Neue Features werden zuerst an begeisterte Kunden verteilt und mit deren Feedback

laufend verfeinert. Der Launch wird zum Nicht-Ereignis, weil die Produkte längst im Alltag angekommen sind.

Was hier fürs Software-Engineering beschrieben ist, gilt genauso für physische Produkte und Prozesse. Überall müssen sich Wertströme konsequent am Kundenerlebnis ausrichten – unterstützt und orchestriert von KI in Echtzeit. Von der flexiblen Losgröße-1-Fertigung über die situative Preisgestaltung bis zum predictive After-Sales-Service. Die Fähigkeit, aus Daten fortlaufend die richtigen Schlüsse für individuelle Mehrwerte zu ziehen, wird so zum entscheidenden Wettbewerbsfaktor.

Allerdings erfordert das ein radikales Aufbrechen klassischer Silos. Wer Kundenorientierung ernst nimmt, für den darf es keine "Produktwelt" und "Servicewelt" mehr geben. Stattdessen müssen sämtliche Kräfte auf das große Ganze wirken: die End-to-End-Experience. Vernetzte, interdisziplinäre Teams sind gefragt, die Trends erkennen, Ideen erproben, MVPs bauen und in kürzesten Zyklen liefern. KI-Expertise wird zur Schlüsselkompetenz für alle – nicht nur für Data Scientists.

Gleichzeitig braucht es neue Führungs- und Steuerungsansätze. Die Zeiten fixer Pläne und Budgets sind vorbei – zu starr, zu langsam für die Dynamik datengetriebener Kundenzentrierung. Gefragt sind flexible, inkrementelle Wege wie Objectives and Key Results (OKRs). Ziele rücken damit näher an den Markt, Prioritäten entstehen im Dialog mit Kunden. Führungskräfte müssen mehr denn je befähigen, statt anzuordnen.

Über allem aber muss ein neues Denken stehen: das Verständnis, dass Kunden keine "Zielgruppen", sondern individuelle Menschen sind. Menschen mit Wünschen, Launen, Sorgen, Träumen. Sie wollen nicht Objekt anonymer Prozesse sein, sondern Subjekte einer einfühlsamen Beziehung auf Augenhöhe. Einer Partnerschaft, in der ich Unternehmen vertraue, dass sie mein Bestes wollen – und es auch liefern.

Genau diese menschliche Note einzufangen, bleibt die vielleicht größte Herausforderung beim Thema KI und Personalisierung. Denn so smart Systeme auch werden: Wertschätzung, Mitgefühl, Leidenschaft lassen sich nicht programmieren. Das kann nur authentisch sein, wenn es von innen kommt – aus einer Kultur der radikalen Kundenorientierung.

Die gute Nachricht: Immer mehr Unternehmen wagen sich auf diesen Weg. Sie experimentieren mit neuen Ansätzen, brechen Silos auf, stellen KI in den Dienst des Kundenerlebnisses. Vorreiter wie Amazon, Netflix oder Spotify machen es vor: Mit datengesteuerter Personalisierung gelingen Quantensprünge in Sachen Relevanz, Bindung und Begeisterung. Die Investitionen zahlen sich vielfach aus – durch effizientere Conversion, mehr Wallet Share und eine Positionierung über dem Wettrüsten um Produkte und Preise.

> Für andere bedeutet das: Es ist höchste Zeit, seine Lektion zu lernen. Denn die Erwartungen der Kunden steigen mit jedem personalisierten Service. Wer kein Premium-Erlebnis bietet, spielt bald nur noch über Preis – und der Wettbewerb ist gnadenlos. KI zu nutzen, um Prozesse kundenzentrierter zu machen, wird so zur Überlebensfrage.

Aber es geht um weit mehr als blanke Wettbewerbsfähigkeit. Letztlich steht nicht weniger auf dem Spiel als das Vertrauen zwischen Unternehmen und Verbrauchern. Denn wenn Algorithmen immer genauer wissen, was ich will – dann muss ich mich auch darauf verlassen können, dass sie nicht gegen mich arbeiten. Dass meine Daten sicher sind, meine Vorlieben respektiert, meine Entscheidungsfreiheit gewahrt bleibt.

Die Devise muss daher lauten: Personalisierung ja, aber bitte mit Transparenz, Fairness und Augenmaß. Jeder Kunde muss wissen, welche Daten wie genutzt werden. Einwilligungen müssen genauso leicht widerrufbar sein wie erteilt. Und neben individueller Relevanz braucht es auch Raum für Serendipität, für Unerwartetes und Gemeinsames. Die Balance zwischen "Predictive" und "Explorative" wird genauso wichtig wie die zwischen "Service" und "Privacy".

All das erfordert Haltung: Eine Ethik des Datenumgangs und des digitalen Kundenbeziehungsmanagements. Klare Prinzipien, an denen sich alle KI- und Analytics-Aktivitäten messen lassen müssen. Und das nötige Fingerspitzengefühl, um Wünsche nicht nur zu bedienen, sondern auch positiv weiterzuentwickeln. So entsteht ein Rahmen des Vertrauens, in dem Personalisierung nicht bedrohlich, sondern als Bereicherung erlebt wird.

Eines ist sicher: KI wird in jedem Fall eine immer größere Rolle spielen, wenn es darum geht, Kunden optimal zu verstehen und zu betreuen. Prozesse werden dadurch effizienter, smarter, menschlicher. Das ist eine riesige Chance für Unternehmen, echten Mehrwert zu schaffen – vorausgesetzt, sie meistern die technische, organisatorische und kulturelle Transformation. Der Lohn sind Wettbewerbsvorteile und Wachstum. Vor allem aber Kunden, die sich wertgeschätzt, beflügelt, reich beschenkt fühlen.

Wir stehen hier noch ganz am Anfang. Aber schon jetzt zeichnet sich ab, wie mächtig KI für individuellere, sinnvollere Angebote sein kann. Angebote, die so passgenau sind wie ein Geheimtipp von Freunden. Ein Stück auf dem Weg zum "Market of One" – einer Wirtschaft, in der jeder Einzelne zählt und sein Bestes entfalten kann.

Was es dafür braucht, ist eine kreative Allianz: KI als Erkenntnismaschine für das, was Menschen bewegt. Und Menschen als Interpreten und Gestalter, die Lösungen mit Herz entwickeln. Wenn dieses Zusammenspiel gelingt, winkt mehr als bloße Effizienzsteigerung. Es winkt eine Ökonomie, die persönlicher, wertschätzender, ja menschlicher ist. Eine Wohlstandsquelle, die Bedürfnisse nicht weckt, sondern stillt.

Utopisch? Mag sein. Aber die Technologien dafür sind da. Sie zu nutzen ist unsere Entscheidung – genauso wie die Werte und Leitlinien, nach denen wir sie ausrichten. In diesem Sinne: Bauen wir eine KI, die den Kunden in den Mittelpunkt stellt. Nicht als Trick oder Überwachungstool. Sondern als Ermöglicher für individuelle Wertschöpfung, Lebensqualität und Miteinander.

Es liegt in unserer Hand – gerade weil Maschinen immer mehr können. Zeigen wir, dass wir ihre Meister bleiben. Indem wir sie klug, aber auch mit Herz einsetzen. Für Services, die Kunden als Partner auf Augenhöhe ansehen. Dann wird aus Personalisierung echte Passion – und aus Kundenzentrierung Menschenzentrierung. Darum geht es am Ende: Um eine Wirtschaft, die für alle da ist. KI kann uns den Weg dorthin weisen.

Die wesentlichen Lerninhalte sind hier nochmals zusammengefasst:

- *KI ermöglicht ein tiefgreifendes Verständnis individueller Kundenbedürfnisse, indem sie große Datenmengen analysiert und so personalisierte Produkte, Dienstleistungen und Erlebnisse in Echtzeit schafft.*
- *Personalisierung schafft Wettbewerbsvorteile und neue Geschäftsmodelle, indem sie individuelle Angebote gestaltet, die Kundenbindung stärkt und neue Marktchancen eröffnet.*
- *Die Balance zwischen Datenschutz und Personalisierung ist entscheidend, um Vertrauen aufzubauen und sicherzustellen, dass KI-gestützte Prozesse fair, transparent und kundenzentriert bleiben.*

4.6 KI-gestützte Innovation und Prozessneugestaltung

An dieser Stelle sind Sie wahrscheinlich beeindruckt, was KI alles möglich macht, um Abläufe zu automatisieren, Entscheidungen zu verbessern und Kunden zu begeistern. Kognitive Prozessautomation, Decision Intelligence, Hyperpersonalisierung – die Beispiele zeigen eindrucksvoll, welche Potenziale in dieser Schlüsseltechnologie liegen. Potenziale für mehr Effizienz, Agilität, Wertschöpfung.

Da wir uns nun die zentralen Anwendungsfelder von KI in Unternehmensprozessen angesehen haben – Automatisierung, Entscheidungsunterstützung, Personalisierung – wollen wir zum Abschluss noch einen Schritt zurücktreten. Denn so beeindruckend die Möglichkeiten im Einzelnen sind: Das wahre transformative Potenzial liegt darin, KI ganzheitlich zu denken. Als Katalysator, der nicht nur bestehende Abläufe optimiert, sondern sie von Grund auf neu erfindet. Hin zu komplett neuen Wegen der Wertschöpfung.

Konkret bedeutet das: Statt KI nur punktuell einzusetzen, um hier und da einen Prozess zu automatisieren oder eine Entscheidung zu verbessern, geht es darum, das große Ganze in den Blick zu nehmen. Komplette Wertströme auf den Prüfstand zu stellen und sie ausgehend vom gewünschten Ergebnis neu zu denken. Disruptive Fragen zu stellen wie: Wenn wir die Daten und Algorithmen von morgen hätten – wie würden wir die Dinge dann am besten organisieren?

Stellen Sie sich etwa einen Maschinenbauer vor, der bisher davon lebte, Anlagen zu entwickeln, zu produzieren und zu verkaufen. Bislang waren seine Prozesse darauf ausgerichtet, möglichst effizient immer neue, bessere Maschinen an den Markt zu bringen. KI-Initiativen zielten primär darauf ab, Entwicklungszeiten zu verkürzen oder die Auslastung zu erhöhen. Das Grundmodell aber blieb im Kern unangetastet.

Mit einem Zero-based-Ansatz sähe das nun ganz anders aus. Ausgangspunkt wäre nicht mehr das Produkt "Maschine", sondern der Kundenbedarf – sagen wir: verlässliche Produktionskapazität zu möglichst geringen Kosten. Dafür braucht es physische Assets, gewiss. Aber ebenso wichtig wird die Fähigkeit, diese Assets zu jedem Zeitpunkt optimal zu betreiben. Wartungsstände vorherzusagen, Ausfälle zu vermeiden, Prozesse zu optimieren.

Der Schlüssel dazu? Daten und Algorithmen. Angenommen, unser Maschinenbauer könnte Sensordaten seiner Anlagen nahtlos erfassen, mit Simulations- und Optimierungsmodellen verknüpfen. Dann böte sich ihm plötzlich eine radikal neue Option: Weg vom Produktverkauf, hin zum Betriebsmodell. Er stellt die Anlagen nicht mehr nur bereit, sondern garantiert ihre Performance – als "Maschinenbetrieb-as-a-Service". Der Kunde bezahlt nur noch für zuverlässig verfügbare Produktionsleistung.

Zentral für dieses Modell wären KI-gesteuerte Prozesse entlang des gesamten **Lebenszyklus:**

- In der Entwicklung entstehen Maschinendesigns, die von Anfang an auf Sensorik, Konnektivität und Fernsteuerung ausgelegt sind. Digital Twins ermöglichen Funktions-, Belastungs- und Wartungssimulationen schon vor dem ersten Prototyp.
- Die Produktion folgt einem Losgröße-1-Ansatz, bei dem jede Anlage individuell nach Kundenbedarf gefertigt wird. Intelligente Roboter und Cobots übernehmen den Großteil der Montage. Der Materialnachschub erfolgt autonom anhand KI-gestützter Absatzprognosen.
- Im Betrieb beim Kunden liefern Sensoren und Algorithmen ein 360°-Bild in Echtzeit. Predictive-Maintenance-Modelle sagen den optimalen Wartungszeitpunkt voraus. Selbstlernende Optimierungsschleifen verbessern Anlagenparameter kontinuierlich, etwa durch Feintuning von Drehzahlen oder Temperaturen.
- Reparatur- und Austauschprozesse werden durch Ferndiagnose, Wissensmanagement-Systeme und AR-gestützte Anleitungen massiv beschleunigt. Im Hintergrund laufen automatisierte Bestellabwicklung und Ersatzteillogistik. Stillstandzeiten tendieren gegen Null.
- Werden Anlagen eines Tages obsolet, sorgen intelligente Demontage- und Verwertungsprozesse für eine ressourcenschonende Kreislaufführung. Materialien werden sortenrein getrennt und dem Recycling zugeführt. Der Anbieter erhält wertvolle Daten für die Gestaltung der nächsten Maschinengeneration.

Sie sehen: Durch konsequentes Zusammendenken von physischer und digitaler Welt entsteht ein komplett neues Leistungsversprechen. Der Maschinenanbieter avanciert zum ganzheitlichen Produktivitätspartner, der mit seinem Kunden wächst. Daten werden zum Schlüssel für Wertschöpfung und Differenzierung. Neue Ertragspools wie vorausschauende Instandhaltung oder Performance-Garantien werden erschlossen.

Aber die Wirkung reicht noch weiter. Durch vernetzte, KI-gesteuerte Prozesse lassen sich auch Potentiale heben, die bislang außer Reichweite waren. Etwa in Sachen Nachhaltigkeit: Predictive Maintenance verlängert nicht nur Maschinenlebenszeiten, sondern reduziert auch Material- und

4.6 KI-gestützte Innovation und Prozessneugestaltung

Energieverbrauch. Bedarfsgerechte, individualisierte Fertigung vermeidet Überproduktion und Ausschuss. Und intelligente Kreislaufführung erhöht Wiederverwendung und Recycling.

Kurzum: Ein datengetriebenes, KI-basiertes Betriebsmodell kann nicht nur ökonomisch höchst attraktiv sein, sondern zugleich einen Beitrag für mehr Ressourceneffizienz und Klimaschutz leisten – eine Win-win-Situation. Kein Wunder, dass immer mehr Industrieunternehmen diesen Weg einschlagen, vom Turbinenhersteller bis zur Chemiefabrik. Überall entstehen vernetzte, selbstoptimierende Systeme als Basis für neue Ertragsmodelle.

Aber das Prinzip greift weit über die Fertigung hinaus. Wo auch immer physische Assets eine Rolle spielen – von Immobilien über Infrastrukturen bis zu Konsumgütern – erlaubt KI einen Paradigmenwechsel: weg von der Fixierung auf das Produkt, hin zu ganzheitlichen, outcome-basierten Services. Autos werden zu Mobilitätsplattformen, Gebäude zu Raumklimalösungen, Haushaltsgeräte zu intelligenten Assistenten. Unternehmen liefern keine Güter mehr, sondern garantierte Leistungen.

Nun mögen Sie einwenden: Was ist mit Branchen, in denen physische Produkte gar keine Rolle spielen? Banken, Versicherungen, Medien, IT – können auch sie ihre Wertschöpfung durch KI neu denken? Die Antwort lautet: ja, und zwar fundamental. Denn im Kern geht es darum, Daten nicht länger als Beiwerk zu sehen, sondern als strategische Ressource. Als "Rohstoff", der intelligent veredelt und verknüpft ganz neue Mehrwerte stiftet.

> Stellen wir uns **beispielhaft** eine **Versicherung** vor. Bisher verdiente sie ihr Geld damit, große Risikokollektive zu bilden und Schadensfälle nachträglich zu regulieren. Policen beruhten auf groben Risikogruppen, Präventionsanreize waren rar. Mit dem Einsatz von KI-gestützter Telematik, Smart-Home-Technik und Wearables ändert sich das Spiel nun dramatisch. Plötzlich lässt sich das individuelle Risikoverhalten in Echtzeit erfassen und beeinflussen.
> Für unsere Versicherung eröffnen sich damit ganz neue Optionen:
>
> - Nutzungsbasierte, maßgeschneiderte Policen, die Prämien flexibel an persönliche Risikoprofile anpassen. Vielfahrer und Sicherheitsfreaks, Sportmuffel und Gesundheitsbewusste – jeder erhält genau den Schutz, den er braucht und will.

- Proaktives, algorithmenbasiertes Risikomanagement, das drohende Schäden frühzeitig erkennt und gezielt gegensteuert. Wenn der Wassersensor Feuchtigkeit meldet, alarmiert die KI sofort den Klempner. Wenn das Fahrverhalten auffällig wird, bekommt der Versicherte Eco-Fahrtipps.
- Datengetriebene Präventionsprogramme, die positives Verhalten belohnen und so aktiv zur Risikominimierung beitragen. Wer regelmäßig trainiert, erntet Gutscheine oder Prämienrabatte. Wer seinen Fahrstil optimiert, darf Bonuspunkte in Sachleistungen tauschen.
- Ganzheitliche, KI-gesteuerte Assistenzdienste, die neue Wertschöpfungsfelder erschließen. Vom Notfallmanagement über Reha-Begleitung bis hin zu smarten Haushaltshilfen – alles aus einer Hand, perfekt auf die Kundensituation abgestimmt.

Sie merken schon: Aus dem Produktanbieter wird der Rund-um-Sorglos-Dienstleister. Statt Risiken nur zu verwalten, geht es nun darum, proaktiv für die Sicherheit, Gesundheit und Lebensqualität des Kunden zu wirken – mit allem, was dazu nötig ist. Das traditionelle Kerngeschäft Versicherung ist nur noch ein Puzzlestück. Drumherum entsteht ein ganzes Ökosystem datenbasierter Mehrwertservices.

Das revolutioniert nicht nur die Ertragslogik, sondern die gesamte Wertschöpfungskette. Anstelle der klassischen Sparten und Abteilungen braucht es jetzt interdisziplinäre "Data and Service Hubs", die Kundensignale in Echtzeit erfassen, auswerten und in passgenaue Lösungen übersetzen. Neue Fähigkeiten sind gefragt, von Data Science bis Experience Design. Vor allem aber ein radikales Umdenken: Der Kunde wird zum Boss, seine Daten sind das Gold. Fließen sie, fließt auch der Umsatz.

Branchen wie Energie, Telekommunikation, Transport – überall zeigen sich ähnliche Muster. Durch KI-gestützte Analyse von Nutzungsdaten entstehen ganz neue Lösungen: Von dynamischen Verbrauchstarifen über Predictive Maintenance für Infrastrukturen bis hin zu multimodaler Mobilität aus einem Guss. Am Ende könnten Plattform-Marktplätze stehen, die bedarfsgerechte Leistungsbündel ad hoc zusammenstellen – über Anbieter- und Branchengrenzen hinweg.

Wie weit diese Entwicklung geht und wie schnell sie Fahrt aufnimmt, lässt sich nur erahnen. Klar ist aber: Unternehmen, die Daten und KI nicht ins Zentrum ihrer Prozesse und Geschäftsmodelle stellen, dürften schon bald zu den Verlierern gehören. Denn es reicht nicht mehr, das Bestehende nur

4.6 KI-gestützte Innovation und Prozessneugestaltung

zu optimieren. Gefragt ist der Mut, die Dinge von Grund auf neu zu denken – ausgehend von den Möglichkeiten smarter Maschinen.

Erste Leuchtturmprojekte zeigen, wohin die Reise geht. Der Turbinenhersteller, der sich zum Anlagenbetreiber wandelt. Die Werkzeugmaschine mit eigener Bitcoin-Wallet, die selbstständig Verschleißteile nachordert. Der Sportartikelhersteller, der Community-Daten nutzt, um personalisierte Angebote aus Ausrüstung, Training und Erlebnissen zu kreieren. Die Versicherung, die Coach für gesundes, sicheres Leben wird. Alles Vorboten einer autonomen Service-Ökonomie.

Freilich sind die Hürden für die Transformation enorm. Alte Denkweisen, Strukturen und Systeme aufzubrechen, ist alles andere als trivial. Daten zu erschließen, zu managen und in intelligente Prozesse zu übersetzen, erfordert völlig neue Fähigkeiten und Infrastrukturen. Und all das in einem hoch dynamischen, schwer vorhersehbaren Marktumfeld, in dem sich Spielregeln und Wertschöpfungsgrenzen permanent verschieben.

Umso wichtiger ist es, die Neugestaltung strategisch, langfristig und ganzheitlich anzugehen. Daten-Governance, KI-Architekturen und agile Organisationsformen müssen von Anfang an zusammengedacht werden – orchestriert von einer klaren Vision für datengetriebene Geschäftsmodelle. Im Zentrum muss der Kunde mit seinen Lebenslagen und "Jobs to be done" stehen. Den gilt es flexibel und in Echtzeit mit individuellen, KI-gestützten Lösungsbündeln zu adressieren.

Die nötigen Kompetenzen dafür aufzubauen ist eine Mammutaufgabe. Sie erfordert massive Investitionen in Talente, Tools und Technologien – von leistungsfähigen Data Pipelines über Deep-Learning-Modelle bis hin zu selbstlernenden Bots und Algorithmen. Aber auch eine neue Innovationskultur, die Kreativität, Kollaboration und Kundenzentrierung belohnt. Wer hier klug und kontinuierlich voranschreitet, gewinnt sukzessive Erfahrungen und Marktanteile.

> Dabei gilt: Der Weg ist lang, aber lohnenswert. Denn wer seine Prozesse konsequent um KI und Daten herum gestaltet, schafft die Basis für exponentielle Skalierung und nachhaltige Differenzierung. Für Wertschöpfungsmodelle, die in Zeiten der Unsicherheit robust und zugleich hochflexibel sind. Vor allem aber für "Ergebnisse", die Menschen wirklich weiterbringen – ökonomisch, ökologisch, gesellschaftlich. Denn darum geht es im digitalen Zeitalter mehr denn je.

Natürlich werden in einer autonomen Service-Welt auch völlig neue Fragen aufgeworfen – von Datenschutz und Fairness über Haftungsrisiken bis hin zur Zukunft der Arbeit. All diese Themen müssen wir proaktiv und im Dialog mit allen Stakeholdern adressieren. Nur wenn Nutzen und Risiken von KI fair verteilt sind, kann Akzeptanz entstehen. Und nur wenn der Mensch im Mittelpunkt steht, wird aus Disruption auch Fortschritt.

> Genau das ist die große **Verheißung von KI**: Eine Wirtschaft zu schaffen, die menschliche Bedürfnisse in den Mittelpunkt stellt. Die Wertschöpfung ganzheitlich neu denkt – agiler, kollaborativer, sinnstiftender. Und die Technik konsequent als Hebel nutzt, um Wohlstand und Nachhaltigkeit zu mehren. Keine Kleinigkeit, aber ein Ziel, für das es sich zu kämpfen lohnt.

Wenn wir eines aus der Geschichte lernen können, dann dies: Jede transformative Technologie – von der Dampfmaschine bis zum Internet – hat anfangs Ängste und Widerstände ausgelöst. Aber sie hat auch ungeahnte Möglichkeitsräume eröffnet und die Menschheit am Ende vorangebracht. Vorausgesetzt, ihre Chancen wurden beherzt ergriffen und ihre Risiken weitsichtig gemanagt. Für KI heißt das: Anpacken statt verzagen.

Dafür braucht es zweierlei: Klare ethische Leitlinien, um Vertrauen zu schaffen und Fehlentwicklungen zu vermeiden. Und beherzte Pioniere, die zeigen, was mit KI alles möglich ist – für Unternehmen, für Menschen, für unsere Welt. Also packen wir es an: Nutzen wir die Intelligenz der Maschinen, um unsere Potenziale zu heben. Immer mit dem Ziel, Prozesse und Geschäftsmodelle menschenzentrierter, wertschöpfender, zukunftsfähiger zu machen.

Stellen Sie sich eine Firma vor, die diesen Weg konsequent geht. Die ihre gesamte Wertschöpfungskette um Daten und lernende Systeme herum orchestriert. Und die so Produkte und Services entwickelt, die sich wie maßgeschneidert an individuelle Lebenslagen anpassen. Stellen Sie sich nun den Mitarbeiter dieser Firma vor. Dessen repetitive Tätigkeiten werden von KI-gestützten Prozessen übernommen. Der sich voll und ganz darauf konzentrieren kann, die Bedürfnisse des Kunden zu verstehen und kreativ zu lösen. Und der dafür ständig neue Fähigkeiten entwickelt – im engen Zusammenspiel mit smarten Maschinen.

Diese Firma, dieser Mitarbeiter – sie könnten die Vorreiter einer neuen Ära sein. Einer Ära, in der wirtschaftlicher Erfolg vom Wohl des Einzelnen und der Gesellschaft nicht länger zu trennen ist. Weil Unternehmen lernen, Wertschöpfung von den Lebenszielen der Menschen her zu denken. Und weil sie Technik nutzen, um genau diese Wertschöpfung hochgradig zu personalisieren, zu flexibilisieren und zu skalieren.

Hört sich utopisch an? Mag sein. Aber die Technologien dafür sind verfügbar. Was noch fehlt, sind Weitsicht und Leadership. Der Wille, nicht nur Prozesse zu automatisieren, sondern radikal aus Nutzersicht zu transformieren. Der Mut, sich von starren Produkten und Strukturen zu lösen und fluide Lösungen um Kundenkontexte herum zu kreieren. Und die Überzeugung, dass Gewinne und Gemeinwohl sich nicht ausschließen, sondern gegenseitig befruchten.

Wer so denkt, für den ist KI nicht bloß eine Optimierungstechnik. Sondern ein mächtiger Hebel, um Innovationskraft und Sinnstiftung auf ein neues Level zu heben. Für den wird maschinelles Lernen zur Basis, um Menschen dabei zu unterstützen, ihre Potenziale voll zu entfalten – als Kunden, Mitarbeiter, Bürger. Und das alles eingebettet in Geschäftsmodelle, die Wachstum und Nachhaltigkeit versöhnen.

Zugegeben: Das ist eine Vision, die Unternehmen genauso herausfordert wie beflügelt. Denn sie verlangt, liebgewonnene Denk- und Handlungsmuster aufzubrechen. Daten als Resourcen zu verstehen, die aktiv bewirtschaftet und veredelt werden wollen. Und digitale Technologien nicht nur als Enabler, sondern als Game Changer für grundlegende Wertschöpfungsarchitekturen zu begreifen. Alles andere als trivial.

Und dennoch: Es ist eine Vision, die überzeugende Antworten gibt auf die Fragen unserer Zeit. Eine Vision für Unternehmen, die auch morgen noch relevant und erfolgreich sein wollen. Die Komplexität und Unsicherheit mit Agilität und Intelligenz kontern. Und die Innovation konsequent auf konkrete Verbesserungen für Menschen ausrichten – ökologisch und sozial. All das ist kein "Nice to have", sondern zwingende Notwendigkeit.

Natürlich bleiben viele Fragen offen. Zur Zukunft der Arbeit in einer hochautomatisierten Welt. Zum Schutz der Privatsphäre in Zeiten allgegenwärtiger Datenströme. Zu neuen Abhängigkeiten und Monopolisierungstendenzen in einer Plattformökonomie. Diese Fragen zu diskutieren und zu beantworten, wird eine Aufgabe sein, die weit über einzelne Firmen hinausgeht. Es braucht dazu den intensiven Austausch zwischen Wirtschaft, Politik, Wissenschaft und Zivilgesellschaft.

Eines aber steht fest: Die Zukunft, die auf uns zukommt, lässt sich nicht aufhalten. Die Frage ist nur, wie wir sie gestalten. Ob als passives Objekt einer technologischen Disruption – oder als aktive Architekten lebenswerter Zukünfte. KI wird dabei eine Schlüsselrolle spielen. Als Vehikel, um Prozesse agiler, vernetzter und intelligenter zu machen. Und als Schnittstelle zwischen Geschäft und Gesellschaft, zwischen Effizienz und Empathie.

> Die **Leitfrage** lautet: Was können Unternehmen tun, um diese historische Chance zu nutzen? Wie müssen sie ihre Abläufe, Kompetenzen und Kulturen weiterentwickeln, um im kognitiven Wettbewerb zu reüssieren? Und welche Netzwerke und Ökosysteme braucht es, um gemeinsam Wohlstand und Wohlergehen in der digitalen Welt voranzubringen?

Eine Antwort, die sich aus unseren Ausführungen ableiten lässt, ist simpel und anspruchsvoll zugleich: Indem sie KI konsequent als Werkzeug nutzen, um Wertschöpfung neu zu denken – kundenorientierter, datenbasierter, ergebnisgetriebener. Und indem sie den Einsatz lernender Systeme von Anfang an strategisch, ethisch und mit Weitsicht auf die Schaffung nachhaltiger Ökosysteme ausrichten.

Konkret kann das bedeuten, existierende Prozesse von den Lebenslagen des Kunden her neu aufzusetzen, statt sie nur zu optimieren. Es kann heißen, Daten nicht mehr als bloßes Abfallprodukt zu sehen, sondern als Rohstoff, der intelligent veredelt und kombiniert unikale Mehrwerte stiftet – von hyperpersonalisierten Services bis hin zu vorausschauender Instandhaltung.

Ebenso zentral ist es, interne Silos konsequent aufzubrechen und durch interdisziplinäre, KI-gestützte Wertschöpfungsnetzwerke zu ersetzen. Der Schlüssel dazu sind Talente und Teams, die Domänenwissen und Datenkompetenz vereinen und auf Augenhöhe mit KI interagieren. Gefragt sind neue Formen der Kollaboration, die Vielfalt und ständiges Lernen belohnen – angezogen durch inspirierendere Purpose.

All das erfordert mehr als nur Lippenbekenntnisse und Leuchtturmprojekte. Es braucht die grundsätzliche Bereitschaft, KI als Game Changer für gesamthafte Geschäftsmodelle zu akzeptieren und entsprechend in Technologien, Skills und Haltung zu investieren. Dabei immer im Blick: Nur wenn die Transformation dem Menschen dient, ist sie nachhaltig.

Dies ist eine immense Aufgabe – und zugleich ein unglaublicher Kraftakt. Ein Kraftakt, der Mut, Ausdauer und Pioniergeist verlangt. Der Innovatoren ebenso braucht wie verantwortliche Rahmensetzer. Und der uns alle herausfordert, scheinbar Unvereinbares zu verbinden: Technologie mit Empathie, Disruption mit Inklusion, Gewinnstreben mit Gemeinwohl. Eben das macht ihn so anspruchsvoll wie lohnend.

Die gute Nachricht ist: Wir müssen das Rad nicht neu erfinden. Denn die Prinzipien und Praktiken menschenzentrierter, KI-gestützter Wertschöpfung werden bereits erprobt – von vorausschauenden Unternehmen, mutigen Machern, klugen Vordenkern. Wir können von diesen Vorreitern lernen, ihren Pioniergeist aufgreifen, ihre Erfahrungen für unseren Kontext adaptieren. Nicht im Sinne blinder Nachahmung, sondern kreativ, reflektiert und auf unsere Identität zugeschnitten.

Am Ende wird sich jede Organisation ihren eigenen Weg suchen müssen, um KI als Hebel für positive Transformation zu nutzen. Einen Weg, der technologischen Fortschritt und menschliche Entfaltung versöhnt. Einen Weg, der wirtschaftlichen Erfolg mit gesellschaftlichem Mehrwert verbindet. Und der Effizienz, Agilität und Empathie in Einklang bringt. Die Richtung aber ist klar: Nur wer Prozesse und Profite konsequent vom Menschen her denkt, hat im KI-Zeitalter eine Zukunft.

Lassen Sie uns daher beherzt aufbrechen – mit Neugier, Optimismus und dem Willen, unser Schicksal selbst in die Hand zu nehmen. Die Technologien sind da, die Chancen riesig. Was wir jetzt brauchen, sind Weitsicht und Entschlossenheit. Den Mut, eingefahrene Gleise zu verlassen. Die Demut, auch aus Fehlern zu lernen. Und die Kreativität, Wagnisse einzugehen, die sich auszahlen – für Unternehmen, Menschen, unseren Planeten.

KI weist uns dafür den Weg. Gehen müssen wir ihn selbst. Schritt für Schritt, Tag für Tag. Im Dialog, im Vertrauen auf unsere Werte und Stärken. Dann kann aus dem abstrakten Schlagwort "KI-Transformation" eine ganz konkrete, faszinierende Realität werden: Smarte Maschinen als Verbündete für eine Wirtschaft mit menschlichem Antlitz. Für Wertschöpfung, die Wert schöpft. Im Großen wie im Kleinen. Packen wir es an!

Die wesentlichen Lerninhalte sind hier nochmals zusammengefasst:

- *KI entfaltet ihr volles Potenzial, wenn Unternehmen Prozesse nicht nur optimieren, sondern von Grund auf neu denken und Wertschöpfungsketten transformieren.*
- *Durch datengetriebene Ansätze können Unternehmen traditionelle Produkte und Dienstleistungen in innovative "as-a-Service"-Modelle umwandeln, wie beispielsweise "Maschinenbetrieb-as-a-Service".*
- *Die Integration von Sensordaten und KI-gestützten Optimierungsmodellen ermöglicht eine präzisere Prozesssteuerung und eröffnet völlig neue Marktchancen.*
- *Selbstoptimierende Prozesse passen sich dynamisch an sich ändernde Marktbedingungen an und erhöhen gleichzeitig die Effizienz und Anpassungsfähigkeit von Unternehmen.*
- *Der Übergang zu einer KI-getriebenen Organisation erfordert eine Veränderung in Führung, Zusammenarbeit und ein neues Mindset, das Offenheit für Experimente fördert.*
- *Der Schlüssel zum Erfolg liegt in der Kollaboration zwischen menschlicher Kreativität und algorithmischer Präzision, die gemeinsam Innovationen vorantreiben.*

4.7 Zukunftsperspektiven: Geschäftsprozesse in einer KI-getriebenen Welt

An dieser Stelle sind wir am Ende unserer Reise durch die Welt KI-optimierter Geschäftsprozesse angekommen. Wir haben gesehen, wie lernende Systeme Abläufe automatisieren, Entscheidungen unterstützen, Kunden begeistern. Wie sie Silos aufbrechen, Flexibilität steigern, neue Wertschöpfung entfesseln. Vor allem aber, wie sie Unternehmen dabei helfen, sich an die rasanten Veränderungen unserer Zeit anzupassen – agiler, innovativer, menschenzentrierter.

Was wir bislang betrachtet haben, ist freilich nur ein Ausschnitt, eine Momentaufnahme. Denn die Möglichkeiten, die KI für das Neudenken von Prozessen bietet, haben wir bisher bestenfalls erahnt. Mit jedem Tag

4.7 Zukunftsperspektiven: Geschäftsprozesse in einer KI-getriebenen Welt

wachsen die Rechenleistung und die Datenschätze. Und mit ihnen die Fähigkeit von Algorithmen, immer komplexere Aufgaben zu bewältigen. Aufgaben, die gestern noch Science-Fiction schienen und morgen vielleicht schon alltäglich sind.

Stellen Sie sich nur Folgendes vor:

- Eine **Fabrik**, in der Maschinen und Werkstücke selbstständig miteinander kommunizieren und sich in Echtzeit abstimmen. In der Anlagen eigenständig lernen, Verschleiß prognostizieren, Materialnachschub oder Reparaturen anfordern. Und in der am Ende nur noch das produziert wird, was gerade gebraucht wird – hocheffizient, ressourcenschonend, bedarfsgerecht.
- Ein **Krankenhaus**, in dem KI Ärzte und Pfleger aktiv entlastet. Indem Algorithmen Diagnosen vorschlagen, Behandlungspläne optimieren, Medikationen überwachen. Indem Roboter Routine-Eingriffe präziser, schneller, günstiger erledigen. Und indem digitale Assistenten Patienten rund um die Uhr begleiten – empathisch, geduldig, personalisiert.
- Einen **Handel**, in dem Lieferketten autonom auf Schwankungen reagieren. In dem dynamische Preise Angebot und Nachfrage in Echtzeit synchronisieren. Und in dem Services nahtlos ineinandergreifen – von der automatischen Konfiguration über predictive Wartung bis hin zu proaktiven Nachbestellungen. So passgenau, als wüsste das Geschäft, was der Kunde braucht, noch bevor er es selbst weiß.
- Einen **öffentlichen Sektor**, der Bürger in den Mittelpunkt stellt. Der Steuerbescheide, Förderanträge und Genehmigungen vollautomatisiert bearbeitet – schnell, transparent, barrierefrei. Der individuelle Bedarfslagen dank KI frühzeitig antizipiert und proaktiv unterstützt. Und der gesellschaftliche Herausforderungen mit vorausschauender, evidenzbasierter Politik adressiert.
- Eine **Finanzwirtschaft**, die dank KI ganzheitlicher, gerechter, krisenresistenter wird. Die in Echtzeit systemische Risiken erkennt und gegensteuert. Die maßgeschneiderte Angebote für jede Lebenssituation kreiert. Und die mit Robo-Advisors, Blockchain und Smart Contracts eine inklusive, partizipative Infrastruktur für nachhaltige Wertschöpfung schafft.

Utopisch? Mag sein. Aber wir bewegen uns mit großen Schritten darauf zu. Schon heute zeigen Vorreiter in allen Branchen, was KI-gestützte Prozesse zu leisten vermögen. Sie maximieren Effizienz, orchestrieren

Ökosysteme, erschließen Wachstumsfelder. Vor allem aber steigern sie die Problemlösungskraft für die großen Herausforderungen unserer Zeit – vom Klimawandel über die alternde Gesellschaft bis hin zur Transformation der Arbeitswelt.

Prozesse sind dafür ein mächtiger Hebel. Denn was Unternehmen Tag für Tag tun und wie sie es tun, entscheidet am Ende darüber, ob sie Teil der Lösung sind oder Teil des Problems bleiben. Ob sie Werte schaffen oder vernichten. Ob sie Menschen befähigen oder behindern.

KI kann dabei helfen, die Weichen richtig zu stellen – wenn wir sie klug, ethisch und mit Weitsicht einsetzen. Wenn wir ihre Potenziale nutzen, um Abläufe zu optimieren und zu humanisieren. Um Kreativität und Kollaboration zu entfesseln. Um Innovationen zu beschleunigen, die allen nützen. Damit aus intelligenten Prozessen am Ende eine intelligentere Wirtschaft wird.

Freilich ist das kein Selbstläufer. Es braucht Gestaltungswillen, Investitionen, neue Fähigkeiten – technisch wie menschlich. Vor allem aber ein grundlegend neues Denken in Unternehmen und Gesellschaft. Ein Mindset, das KI nicht als Bedrohung sieht, sondern als Chance. Als Werkzeug, um Wertschöpfung inklusiver, agiler, nachhaltiger zu machen. Im Dienste des Gemeinwohls.

Abb. 19: Zukünftige Fabriken mit Robotern und KI

4.7 Zukunftsperspektiven: Geschäftsprozesse in einer KI-getriebenen Welt

Erste Konturen einer solchen Zukunft zeichnen sich heute schon ab. In smarten Fabriken und patientenzentrierten Kliniken. In kollaborativen Plattformen und bürgernahen Verwaltungen. Überall dort, wo KI hilft, Barrieren einzureißen, Potenziale zu heben, Mehrwert zu schaffen. Für Kunden, Mitarbeiter, Stakeholder.

Aber wir stehen erst am Anfang. Mit jedem Fortschritt der Technologie werden neue Möglichkeitsräume aufgestoßen – und damit neue Fragen aufgeworfen. Fragen nach Verantwortung und Vertrauen, Transparenz und Teilhabe. Nach der Zukunft von Arbeit und Führung in einer Welt der Algorithmen. Wir werden Antworten darauf finden müssen, wollen wir die Früchte der KI-Revolution langfristig ernten.

In den kommenden Jahren und Jahrzehnten entscheidet sich, ob und wie der Übergang in das Maschinenzeitalter gelingt. Ob wir es schaffen, Ökonomie und Ökologie, Effizienz und Empathie in Einklang zu bringen. Ob KI Treiber einer smarteren, menschlicheren Wirtschaft wird – oder Brandbeschleuniger von Ungleichheit und Disruption. Es liegt an uns, die Weichen zu stellen.

> **Die zentrale Frage lautet:** Was für eine KI wollen wir? Eine, die nur kostet, aber nicht nützt? Die Rationalisierung über alles stellt, aber Fähigkeiten verkümmern lässt? Oder eine KI, die Menschen einbindet, entwickelt, ermächtigt? Die Prozesse verschlankt und Ressourcen schont, um Raum für Kreativität und Sinn zu schaffen? Die hart im Nehmen ist, aber weich in der Wirkung?

Für welchen Weg wir uns entscheiden, wird weitreichende Folgen haben. Nicht nur für Wettbewerbsfähigkeit und Wohlstand. Sondern auch für Zusammenhalt und Fortschritt unserer Gesellschaft als Ganzes. Denn die Art, wie Unternehmen KI in ihre Abläufe einbauen, prägt das Menschenbild und die Werte, die sich langfristig durchsetzen. Sie formt den Rahmen, in dem wir künftig wirtschaften und arbeiten.

Umso wichtiger, dass wir jetzt die Grundlagen dafür legen – mit Bedacht, im Dialog, über Branchen- und Interessengrenzen hinweg. Dass wir gemeinsam Prinzipien und Standards definieren für einen verantwortungsvollen, gemeinwohlorientierten Einsatz von Prozess-KI. Und dass wir mit positiven Beispielen zeigen, was möglich ist, wenn Maschinen und Menschen sinnvoll zusammenwirken.

Die Stichworte dafür lauten:

- Kollaboration statt Konfrontation,
- Inklusion statt Spaltung,
- Augenhöhe statt Allmacht.

Es geht darum, einen Rahmen zu schaffen, in dem sich das Beste aus zwei Welten verbindet: Die analytische Wucht der Algorithmen und die gestalterische Kraft des Menschen. Das Leistungsvermögen der Technik und die Urteilsstärke des Verstandes. Erst in der intelligenten Kombination liegt der Schlüssel zu Prozessen, die wertschöpfend und wertschätzend sind.

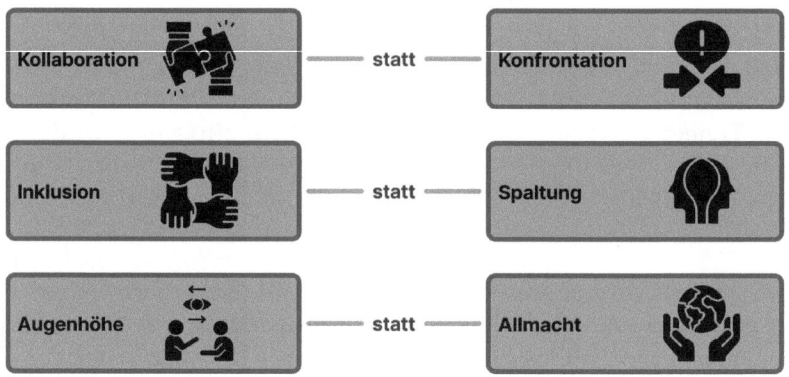

Abb. 20: Das Beste aus zwei Welten: Algorithmen und menschliche Urteilsstärke im Einklang für wertschöpfende und wertschätzende Prozesse

Dafür müssen wir KI gezielt so einsetzen, dass sie menschliche Fähigkeiten ergänzt, nicht ersetzt. Dass sie stupide Routine und kognitive Kleinstarbeit minimiert, um Kapazitäten freizumachen für Kompetenz, Empathie, Kreativität. Dass sie hilft, bessere Entscheidungen zu treffen – auf Basis von Daten, aber im Lichte ethischer Erwägungen. Nur dann wird aus Prozess-KI mehr als bloße Effizienzsteigerung – nämlich ein Hebel für gute, erfüllende Arbeit.

Gleichzeitig sollten wir KI-Innovationen von Anfang an darauf ausrichten, große gesellschaftliche Herausforderungen zu adressieren. Den Kampf gegen den Klimawandel etwa, indem smarte Prozesse Emissionen senken und Ressourcen schonen. Die Alterung der Bevölkerung, indem lernende Systeme Pflege und Teilhabe individualisieren. Oder die Spaltung der Gesellschaft, indem KI-gestützte Services allen einen niedrigschwelligen Zugang zu Bildung, Gesundheit, Mobilität ermöglichen.

4.7 Zukunftsperspektiven: Geschäftsprozesse in einer KI-getriebenen Welt

Kurz gesagt: Wir brauchen eine KI, die nicht nur Wertschöpfungsketten optimiert, sondern auch Wertschöpfungsräume erweitert. Die Gewinne und Gemeinwohl versöhnen. Und die technologischen Fortschritt intelligent übersetzt in menschlichen Fortschritt und nachhaltige Entwicklung. Dies wird nur gelingen, wenn wir Wirtschaft, Wissenschaft, Politik und Gesellschaft zusammenbringen – über Disziplinen und Denkschulen hinweg.

Denn eines ist klar: Die systemischen Effekte von KI auf Arbeit, Organisation, Märkte sind so weitreichend, dass wir sie nicht dem Zufall überlassen dürfen. Wir müssen die Veränderungen aktiv gestalten – mit Pioniergeist und Verantwortungsbewusstsein zugleich. Wir müssen Räume schaffen für Experimente, Irrtümer, kreatives Querdenken. Und wir müssen konsequent Kurs halten auf Wohlstand, Wertschätzung und Würde für alle.

Das erfordert zweierlei: Innovationskraft und einen integren moralischen Kompass. Wir brauchen den Mut, etablierte Denk- und Handlungsmuster zu hinterfragen. Und wir brauchen ethisches Urteilsvermögen, um zwischen dem Machbaren und dem Wünschenswerten zu unterscheiden. Nur wenn Unternehmen beide Seiten zusammenbringen, kann KI ihr Versprechen einlösen – nicht nur Abläufe zu automatisieren, sondern Wertschöpfung menschlicher zu machen.

Letztlich geht es um nicht weniger als die Frage, wie wir uns Technik zu eigen machen. Wie wir ihre Wirkmacht nutzen, um eine Gesellschaft zu bauen, die Menschen stark macht – mit ihrer Unterschiedlichkeit und Verletzlichkeit. Eine Wirtschaft, die Wohlstand nicht nur mehrt, sondern fair verteilt und klug investiert. Eine Welt, in der Prozesse und Profite Mittel zum Zweck sind – und der Zweck ein gutes Leben für alle ist.

Wenn uns das gelingt, hat die KI-Revolution ihr Ziel erreicht. Dann erwachsen aus smarten Prozessen echte Lebensqualität und nachhaltiger Fortschritt für jeden Einzelnen. Dann wird aus künstlicher Intelligenz menschliche Intelligenz – weil sie hilft, Potenziale zu heben, Probleme zu lösen, Perspektiven zu öffnen. So, wie es einer humanistischen Idealen verpflichteten Technologie würdig ist.

Um das zu erreichen, haben wir noch einen weiten Weg vor uns. Einen Weg voller Chancen, aber auch Herausforderungen und Zielkonflikte. Wir werden ihn nur meistern, wenn wir beherzt vorangehen und dabei auf unsere ureigensten Stärken setzen: Intelligenz und Empathie, Risikobereitschaft und Verantwortungsbewusstsein. Mit Technikbegeisterung und Menschlichkeit zugleich. Denn es steht viel auf dem Spiel.

KI und intelligente Prozesse zu gestalten ist eine epochale Aufgabe – ökonomisch, gesellschaftlich, ethisch. An ihr entscheidet sich nicht weniger als die Zukunft von Wachstum und Wohlstand, von Zusammenhalt und Selbstbestimmung im digitalen Zeitalter. Ob es eine Zukunft sein wird, die für alle lebenswert ist, liegt an uns.

Die wesentlichen Lerninhalte sind hier nochmals zusammengefasst:

- *KI transformiert Geschäftsprozesse grundlegend, indem sie eine fluidere, agilere und effizientere Wertschöpfung ermöglicht, die Silos aufbricht und auf dynamische Marktdynamiken reagiert.*
- *Servitization und Plattformisierung werden die Geschäftsmodelle dominieren, indem Produkte in Dienstleistungen transformiert und Echtzeit-Ökosysteme zur Basis der Wertschöpfung werden.*
- *Der Mensch bleibt entscheidend, indem er ethische Leitplanken setzt, kreative und richtungsweisende Aufgaben übernimmt und im Dialog mit Technologie neue Werte schafft.*
- *Mut, Weitsicht und Anpassungsfähigkeit entscheiden über den Erfolg, da die Fähigkeit, Prozesse und Geschäftsmodelle kontinuierlich neu zu denken, essenziell für die Wettbewerbsfähigkeit im KI-Zeitalter ist.*

5 Welche Verantwortung Unternehmer beim Einsatz von KI tragen

5.1 Die Herausforderung

Die atemberaubende Entwicklung der Künstlichen Intelligenz in den letzten Jahren hat nicht nur immense Chancen, sondern auch bedeutende Herausforderungen mit sich gebracht. Insbesondere für Unternehmen, die diese mächtige Technologie in ihre Prozesse und Produkte integrieren wollen, ergeben sich daraus große Verantwortlichkeiten – rechtlich, technisch und ethisch. Denn der Einsatz von KI ist kein Selbstzweck, sondern muss stets mit Bedacht und im Interesse aller Stakeholder erfolgen.

In diesem Kapitel wollen wir uns ansehen, welche konkreten Verantwortungen sich für Unternehmer und Führungskräfte beim Einsatz von KI ergeben. Wir werden drei zentrale Handlungsfelder beleuchten: Den Schutz von Daten und Privatsphäre, die Einhaltung rechtlicher Vorgaben sowie die Auseinandersetzung mit ethischen Fragen. Denn nur wenn Firmen in all diesen Bereichen ihrer Sorgfaltspflicht nachkommen, kann KI ihr Potenzial voll entfalten – zum Wohle von Wirtschaft und Gesellschaft.

Dabei geht es nicht darum, die Risiken von KI zu dämonisieren oder vor ihrem Einsatz zurückzuschrecken. Im Gegenteil: Gerade, weil diese Technologie so mächtig ist, müssen wir proaktiv Leitplanken und Standards setzen für ihren verantwortungsvollen Gebrauch. Nur dann können wir ihre Chancen nutzen und zugleich unbeabsichtigte Nebenwirkungen minimieren. Nur so kann Vertrauen entstehen – in die Technologie und in die Unternehmen, die sie einsetzen.

Abb. 21: Erfordernis von Standards und Regeln für KI

Für Entscheider bedeutet dies vor allem eines: KI nicht nur durch die Brille von Umsatz und Effizienz zu betrachten, sondern sich bewusst auch mit unbequemen Fragen auseinanderzusetzen. Fragen wie: Welche Daten nutzen wir wofür und wie schützen wir sie? Welchen rechtlichen Bestimmungen unterliegen unsere KI-Systeme? Und nach welchen Werten und Prinzipien richten wir deren Entwicklung und Anwendung aus? All das erfordert Weitsicht, Sorgfalt und den Mut zu klaren Haltungen.

Eines vorweg: Einfache, universelle Antworten wird es dabei nicht geben. Zu komplex und dynamisch sind die technologischen, juristischen und moralischen Aspekte von KI. Was es braucht, sind differenzierte Ansätze, die Zielkonflikte und Graubereiche nicht scheuen. Ansätze, die unterschiedliche Perspektiven einbeziehen und gemeinschaftlich nach tragfähigen Lösungen suchen. Eben das wollen wir in den folgenden Abschnitten tun.

Begleiten Sie uns nun auf eine gleichermaßen herausfordernde wie lohnenswerte Tour d'Horizon durch die vielfältigen Verantwortungsfelder von KI in Unternehmen. Eine Tour, an deren Ende hoffentlich ein klareres, ganzheitlicheres Bild steht – nicht nur von den Anforderungen an KI-Pioniere, sondern auch von den enormen Zukunftschancen einer "responsible AI". Los geht's!

5.2 Datenschutz und Datensicherheit

Wo auch immer KI zum Einsatz kommt, spielen Daten eine Schlüsselrolle. Sie sind der Treibstoff, der lernende Systeme am Laufen hält und mit zunehmender Laufzeit immer besser werden lässt. Kein Wunder also, dass gerade datengetriebene Unternehmen KI als mächtige Quelle für Innovationen und Wettbewerbsvorteile sehen. Je mehr Informationen sie sammeln und verarbeiten, desto wertvoller und passgenauer werden ihre Angebote – so das Kalkül.

Doch mit der wachsenden Datenmacht geht auch eine große Verantwortung einher. Verantwortung für den Schutz der Privatsphäre von Bürgern und Kunden, für die Vertraulichkeit sensibler Informationen, für die Sicherheit vernetzter Systeme. Schon die Erhebung und Nutzung personenbezogener Daten wirft heikle Fragen auf – ganz zu schweigen von der Gefahr, dass solche Daten in falsche Hände geraten oder missbraucht werden.

In der Tat sind die Risiken mannigfaltig: Cyberangriffe auf Firmennetzwerke, Datenleaks durch nachlässige Mitarbeiter, Weitergabe von Nutzerprofilen an Dritte – um nur einige zu nennen. Die Folgen können verheerend sein: Von Imageschäden und Vertrauensverlust über Bußgelder bis hin zur Existenzbedrohung. Nicht zuletzt leidet auch die Akzeptanz von KI, wenn der Eindruck entsteht, sie werde auf Kosten von Bürgerrechten vorangetrieben.

Unternehmen, die KI nutzen und entwickeln, müssen sich dieser Verantwortung stellen. Das beginnt bei der bewussten Entscheidung, welche Daten überhaupt erhoben und verwendet werden – nach der Maxime der Datensparsamkeit. Es setzt sich fort in technischen und organisatorischen Maßnahmen zum Schutz dieser Daten. Und es gipfelt in einer Kultur der "privacy by design", die den Wert der Privatsphäre von Anfang an in Systeme und Prozesse einbettet.

Konkret bedeutet dies zunächst, bei der Datenerhebung Augenmaß walten zu lassen. Nur weil etwas messbar ist, muss es noch lange nicht erfasst und verarbeitet werden. Jedes Datum sollte einem klaren, legitimen Zweck dienen, über den Betroffene transparent informiert werden. Auch Einwilligungen und Widerspruchsrechte sind sauber einzuholen bzw. vorzuhalten. Der Grundsatz lautet: So wenig wie möglich, so viel wie nötig.

Bei der Datennutzung gilt es dann, strikte Sicherheitsstandards anzulegen. Das reicht von der Verschlüsselung sensibler Daten über die sichere Authentifizierung von Nutzern bis hin zur Protokollierung von Zugriffen.

Auch regelmäßige Backups, Penetrationstests und Incident-Response-Pläne gehören ins Pflichtprogramm. Essenziell ist zudem die Schulung von Mitarbeitern im Umgang mit Daten und Systemen. Denn sie bleiben trotz KI das schwächste Glied in der Kette.

Mindestens ebenso wichtig ist die saubere Trennung unterschiedlicher Datenkategorien und Zugriffsrechte im Unternehmen. Nicht jeder sollte alles sehen können. Mit Techniken der Anonymisierung, Pseudonymisierung und des Datencapseling lassen sich verschiedene Schutzklassen und Need-to-Know-Prinzipien durchsetzen. Auch die Löschung nicht mehr benötigter Daten will organisiert sein.

> All diese Maßnahmen sind nicht als lästige Pflichtübungen zu verstehen, sondern als integraler Bestandteil einer guten KI-Governance. Einer Governance, die Chancen und Risiken proaktiv managt, anstatt nur auf Vorfälle zu reagieren. Die Datenschutz und -sicherheit als strategische Ziele begreift, in die es zu investieren lohnt. Und die Vertrauen schafft – in Technologien, Produkte und Unternehmen.

Ein wesentlicher Treiber dafür sind nicht zuletzt gesetzliche Vorgaben wie die Europäische Datenschutz-Grundverordnung (DSGVO). Sie setzen verbindliche Standards für die Erhebung, Verarbeitung und Löschung personenbezogener Daten – auch und gerade beim Einsatz von KI. Gleichzeitig bleiben viele konkrete Fragen noch ungeklärt. Etwa die, wann genau welche Informationen als personenbezogen gelten. Oder wie das Recht auf Auskunft und Korrektur in lernenden Systemen zu gewährleisten ist.

Für Unternehmen heißt das: Sie müssen die regulatorischen Entwicklungen im Blick haben und sich frühzeitig darauf einstellen. Noch besser: Sie sollten die Debatte um Standards und best practices aktiv mitgestalten, anstatt nur auf Vorschriften zu warten. Denn eines ist klar: Der Ruf nach klaren, verbindlichen Regeln für den Einsatz von KI wird lauter. Unternehmen, die jetzt Vorreiter werden, können die Agenda in ihrem Sinne prägen.

Ein solcher proaktiver Ansatz ist umso wichtiger, als Datenschutz und -sicherheit keine rein defensiven Übungen sind. Richtig verstanden, werden sie zu Differenzierungsmerkmalen und Vertrauenstreibern im digitalen Wettbewerb. In einer Welt, in der Daten die wichtigste Ressource sind, entscheiden Integrität und Sorgfalt im Umgang damit immer öfter über die Gunst von Kunden und Nutzern.

5.2 Datenschutz und Datensicherheit

Unternehmen, die hier glaubwürdig vorangehen, erschließen sich mächtige Vorteile. Sie gewinnen nicht nur das Vertrauen von Verbrauchern, sondern auch von Partnern und Investoren. Sie ziehen Talente an, die in sicheren, ethisch unbedenklichen Umgebungen arbeiten wollen. Und sie erwerben wertvolle Erfahrungen bei der Ausgestaltung von Governance-Strukturen.

Datenschutz und Datensicherheit dürfen beim Einsatz von KI also keine Nebenschauplätze sein. Im Gegenteil: Sie gehören ins Zentrum unternehmerischer Verantwortung – strategisch, technisch, organisatorisch. Nur wenn die Integrität von Daten und damit von Menschen gewahrt bleibt, kann KI ihr volles, gemeinwohlorientiertes Potenzial entfalten. Das zu gewährleisten, ist eine Daueraufgabe – aber auch eine große Chance für kluge KI-Pioniere.

Die wesentlichen Lerninhalte sind hier nochmals zusammengefasst:

- *Unternehmen müssen den Schutz sensibler Informationen, die Privatsphäre von Nutzern und die Sicherheit vernetzter Systeme sicherstellen, um Vertrauen aufzubauen.*
- *Datensparsamkeit und Zweckbindung sind zentrale Prinzipien deshalb sollten Unternehmen nur die Daten erheben, die für einen klaren, legitimen Zweck benötigt werden, und die Betroffenen darüber transparent informieren.*
- *Sicherheitsmaßnahmen müssen höchsten Standards entsprechen, hierzu gehören Techniken wie Verschlüsselung, Anonymisierung und Protokollierung von Zugriffen sowie regelmäßige Backups und Schulungen von Mitarbeitern.*
- *Unternehmen, die glaubwürdig agieren und höchste ethische Standards umsetzen, gewinnen das Vertrauen von Kunden, Partnern und Investoren und schaffen sich Differenzierungspotenziale.*

5.3 Regulatorischer Druck und Haftungsfragen

So wichtig der Schutz persönlicher Daten ist: Die rechtlichen Herausforderungen beim Einsatz von KI gehen weit darüber hinaus. In nahezu allen Anwendungsbereichen – von der medizinischen Diagnose über autonome Fahrzeuge bis hin zu Finanzdienstleistungen – werfen lernende Systeme komplexe Haftungsfragen auf:

- Was passiert, wenn ein KI-gesteuertes Auto einen Unfall verursacht?
- Wer haftet, wenn ein Algorithmus zur Kreditbewertung diskriminierend entscheidet?
- Und was, wenn eine KI aus den ihr verfügbaren Daten falsche Schlüsse zieht – mit negativen Konsequenzen für Betroffene?

Solche Fragen sind juristisches Neuland, für das es bislang keine eindeutigen Antworten gibt. Denn KI-Systeme entziehen sich in vielerlei Hinsicht klassischen Kategorien von Verantwortlichkeit und Schuld.

Anders als bei menschlichen Akteuren gibt es oft keinen einzelnen "Schuldigen", wenn etwas schiefläuft. Vielmehr sind es komplexe Interaktionen verschiedener Komponenten – von Trainingsdaten über Algorithmen bis hin zur Anwendungsumgebung – die zu unerwünschten Ergebnissen führen können.

> Auch der juristische Grundsatz, dass für einen Schaden haftet, wer ihn fahrlässig oder vorsätzlich verursacht hat, greift bei KI ins Leere.

Denn lernende Systeme entwickeln mit der Zeit ein Eigenleben: Sie treffen Entscheidungen, die von ihren Entwicklern weder beabsichtigt noch vorhersehbar waren. Von einem "Vorsatz" kann hier keine Rede sein.

Hinzu kommt: Je autonomer KI-Systeme agieren, desto schwerer wird es, ihre Entscheidungsfindung nachzuvollziehen. Die Gründe für eine konkrete Aktion mögen im Dickicht tausender Verknüpfungen und Gewichte verborgen bleiben – eine "black box", die sich selbst Experten nur schwer erschließt. Juristische Beweisführung sieht anders aus.

Die Lücken und Grauzonen im Haftungsrecht sind also beträchtlich. Und sie werden mit jedem Fortschritt der KI größer und drängender. Klar ist: Es braucht dringend neue, passgenaue Regeln für die Frage, wer die Verantwortung trägt, wenn KI Schaden anrichtet. Regeln, die Rechtssicherheit schaffen, ohne Innovation zu ersticken.

Der Weg dahin ist noch weit und voller Kontroversen. Erste Ansätze gibt es gleichwohl – etwa auf EU-Ebene, wo intensiv an einem Rechtsrahmen für KI gearbeitet wird: Um Haftungsfragen zu klären, aber auch um ethische Leitplanken für "vertrauenswürdige KI" zu setzen. Zentrale Aspekte sind dabei Risikobewertung und Zertifizierung, Transparenz- und Erklärungspflichten sowie Aufsichts- und Kontrollstrukturen.

Daneben kommen auch ganz neue Haftungskonzepte auf den Prüfstand – etwa die Idee einer "Gefährdungshaftung" für KI-Systeme, unabhängig von Verschulden. Oder Fondslösungen, in die alle Akteure einer Wertschöpfungskette einzahlen, um Geschädigte zu kompensieren. Diskutiert werden zudem spezielle Versicherungslösungen oder die rechtliche "Personifizierung" von KI.

Für Unternehmen bedeutet diese Gemengelage zweierlei: Rechtsunsicherheit und Regulierungsrisiko. Denn solange verbindliche Standards fehlen, bewegen sie sich beim Einsatz von KI auf schwankendem Grund. Jederzeit drohen Haftungsklagen, Strafen, Reputationsverluste. Gleichzeitig müssen sie sich auf wachsenden **Regulierungsdruck** einstellen – national, europäisch, global. Compliance-Anforderungen werden zunehmen, Dokumentations- und Berichtspflichten auch.

Auf dieses Szenario einzustellen und proaktiv vorzugehen, wird immer wichtiger. Das kann bedeuten:

- Sich frühzeitig und fortlaufend über regulatorische Entwicklungen zu informieren und deren Auswirkungen auf das eigene Geschäftsmodell zu analysieren.
- Aktiv den Dialog mit Gesetzgebern, Aufsichtsbehörden und anderen Stakeholdern zu suchen – um Anforderungen und Erwartungen besser zu verstehen, aber auch um die eigene Perspektive einzubringen.
- Interne Prozesse, Dokumentationen und Kontrollmechanismen auf Compliance mit aktuellen und absehbaren KI-Regulierungen zu trimmen.
- Das Thema Haftung für KI zur Chefsache zu machen und mit Experten aus Recht, Technik und Ethik zu besetzen.
- Eigene Standards und best practices für den verantwortungsvollen Einsatz von KI zu entwickeln – auch als Differenzierungsmerkmal im Wettbewerb.

- Systematisch Risiken zu erfassen und zu bewerten, die sich aus dem Einsatz von KI ergeben – und Auswege zu finden, etwa über Safe-Fail-Mechanismen oder menschliche Oversight.
- Schließlich auch die eigenen Versicherungspolicen zu prüfen und ggf. anzupassen – von der Produkthaftpflicht bis zur D&O-Versicherung.

All das kostet Ressourcen und erfordert einen langen Atem. Doch die Investitionen dürften sich auszahlen. Denn Unternehmen, die Regulierung und Haftung bei KI proaktiv angehen, verschaffen sich einen wertvollen Vorsprung: Sie senken rechtliche und finanzielle Risiken, stärken das Vertrauen von Kunden und Öffentlichkeit, sichern sich Wachstumsoptionen.

> Noch wichtiger: Sie leisten einen Beitrag für die gesellschaftlich verantwortliche Gestaltung einer Technologie, die unser aller Leben tiefgreifend verändern wird. Denn KI braucht Regeln und Haftungsstrukturen, die Innovationen ermöglichen, zugleich aber Grundrechte und Gemeinwohl schützen. Nur so kann sie auf Dauer Akzeptanz finden.

Lassen Sie mich ein **Beispiel** konstruieren, um diese Zusammenhänge zu illustrieren:
Angenommen, ein **Pharmaunternehmen** entwickelt ein KI-System, das bei der Suche nach neuen Wirkstoffen hilft. Der Algorithmus durchforstet riesige Datenmengen aus Molekülbibliotheken, klinischen Studien und Patientenakten. Er findet Muster und generiert Hypothesen für potenzielle Medikamente, die dann im Labor getestet werden. Schnell zeigt sich der immense Nutzen: Die "Zeit bis zur Entdeckung" sinkt dramatisch, die Trefferquote erfolgversprechender Substanzen steigt. Das Unternehmen kann besser auf drängende medizinische Bedarfe reagieren, etwa in der Krebstherapie oder bei seltenen Erkrankungen. Gleichzeitig spart es Kosten und Ressourcen.
Doch es gibt auch Schattenseiten. Denn die genutzten Datenbestände sind teils hochsensibel. Sie umfassen persönliche Gesundheitsinformationen, genetische Profile, Details zu Lebensstil und Krankengeschichte. Was, wenn der Algorithmus hier Muster erkennt, die Einzelne diskriminieren? Wenn er etwa einer Ethnie ein höheres Erkrankungsrisiko zuschreibt – mit Folgen für Versicherungsschutz und Behandlungsoptionen?

Auch die Frage der Patentierbarkeit ist heikel. Normalerweise gilt als Erfinder, wer die kreative Leistung beim Design neuer Moleküle erbringt. Doch was, wenn diese Leistung zunehmend von KI übernommen wird? Wem stehen dann die Rechte zu – dem Entwickler, dem Anwender, gar der Maschine selbst?

Und wer haftet, wenn ein vom Algorithmus vorgeschlagener Wirkstoff unerwünschte Nebenwirkungen hat? Der Pharmahersteller, der am Ende die klinische Prüfung und Zulassung verantwortet? Oder auch die KI-Firma, die mit ihrem System die ursprüngliche Hypothese generiert hat?

Sie sehen: Es sind schwierige Abwägungen, die hier zu treffen sind – rechtlich, ethisch, technisch. Schnelle, einfache Antworten verbieten sich. Umso wichtiger, dass alle Beteiligten ihre Verantwortung wahrnehmen und gemeinsam nach Lösungen suchen:

- Das Pharmaunternehmen, indem es höchste Standards bei Datenschutz und Fairness ansetzt. Indem es Transparenz schafft über die Grenzen und Risiken algorithmischer Empfehlungen. Und indem es klar regelt, wie mit KI-generierten Erfindungen umzugehen ist.
- Die KI-Firma, indem sie ihre Systeme von Beginn an auf Nachvollziehbarkeit, Erklärbarkeit und ethische Leitplanken ausrichtet. Indem sie sich ihrer Mitverantwortung stellt, wenn Schäden entstehen. Und indem sie firmenübergreifende Standards mitentwickelt.
- Der Gesetzgeber, indem er Regeln schafft, die Grundrechte schützen, ohne Innovation zu blockieren. Indem er Rechtssicherheit herstellt durch klare Haftungsregimes. Und indem er den Dialog zwischen Wirtschaft, Wissenschaft und Gesellschaft orchestriert.

Anhand dieses hypothetischen Szenarios zeigt sich: Der verantwortliche Einsatz von KI in sensiblen Feldern wie dem Gesundheitswesen ist komplex – und geht weit über klassisches Risikomanagement hinaus. Er erfordert eine neue Art der Governance: Vorausschauend und agil, interdisziplinär und auf den konkreten Anwendungskontext zugeschnitten.

Vor allem aber braucht es ein Bewusstsein dafür, dass jeder einzelne in der Pflicht steht: Unternehmen, Entwickler, Nutzer, Regulierer – sie alle tragen auf ihre Weise Verantwortung dafür, dass KI dem Wohle des Menschen dient. Nur im Schulterschluss lässt sich das immense Potenzial der Technologie voll ausschöpfen – und zugleich den Risiken wirksam begegnen.

Das mag nach einer Herkulesaufgabe klingen. Doch sie lohnt sich. Denn Vertrauen ist der entscheidende Rohstoff für eine KI-getriebene Ökonomie. Nur wenn Menschen darauf bauen können, dass ihre Rechte und Interessen gewahrt sind, werden sie die Technologie auch annehmen. Unternehmen, die das verstanden haben, verschaffen sich schon heute einen Vorsprung. Weil sie rechtliche Risiken managen und zugleich über Erwartungen hinausgehen, um Verantwortung mit Leben zu füllen.

Die wesentlichen Lerninhalte sind hier nochmals zusammengefasst:

- *Die traditionelle Rechtsauffassung reicht für KI-Systeme nicht aus, da sie autonome Entscheidungen treffen können, die weder beabsichtigt noch vorhersehbar sind, was klare Regeln für Verantwortlichkeit und Haftung notwendig macht.*
- *EU hat Vorreiterrolle bei der KI-Regulierung und erste Ansätze wie Risikobewertung, Zertifizierung und Transparenzanforderungen werden auf europäischer Ebene entwickelt, um eine vertrauenswürdige und sichere Nutzung von KI zu fördern.*
- *Fehlende Standards und unklare Haftungsfragen erhöhen das Risiko von Klagen und Strafen, weshalb Unternehmen proaktiv auf Compliance und Governance setzen müssen.*

5.4 Ethische Fragen der KI-Nutzung

Lassen Sie uns den Blick nun weiten – über Gesetze und Haftungsregeln hinaus. Denn so wichtig der rechtliche Rahmen ist: Er kann nicht alle Fragen beantworten, die der Einsatz von KI aufwirft. Ja, man könnte sagen: Die wirklich großen Herausforderungen fangen jenseits des Rechts erst an. Überall dort, wo es um Werte und Normen geht, um Moral und Verantwortung, kurz: um Ethik.

- Was ist "richtig" und was ist "falsch" im Umgang mit KI?
- Wann dient sie dem Wohle der Menschheit – und wann schadet sie womöglich?

5.4 Ethische Fragen der KI-Nutzung

- Wie lassen sich Chancen und Risiken gegeneinander abwägen und zu einem fairen Ausgleich bringen?
- Und vor allem: Nach welchen Kriterien treffen wir solche Entscheidungen?

Diese Fragen mögen abstrakt klingen, philosophisch, weit weg von der unternehmerischen Praxis. Doch der Schein trügt. In Wahrheit begegnen uns ethische Problemstellungen auf Schritt und Tritt, wenn es um die Entwicklung und Anwendung von KI geht. Sei es beim autonomen Fahren, in der medizinischen Diagnostik oder bei der Personalauswahl – überall dort, wo Algorithmen Entscheidungen treffen oder vorbereiten, sind immer auch Wertedimensionen berührt.

> Nehmen wir das **Beispiel des selbstfahrenden Autos**. Angenommen, eine KI muss im Bruchteil einer Sekunde wählen, ob sie bei einem drohenden Unfall geradeaus in eine Menschengruppe fährt oder nach links ausweicht und dabei womöglich eine Person auf dem Gehweg gefährdet. Wie soll sie sich entscheiden? Gibt es das "kleinere Übel"? Und falls ja, wie ist es zu bemessen?

Solche Fragen mögen konstruiert erscheinen – sind es aber nicht. In abgewandelter Form stellen sie sich schon heute, nicht nur bei Roboterautos. Man denke etwa an KI-Systeme, die in Krankenhäusern bei der Priorisierung von Patienten helfen. Oder an Algorithmen, die Kreditwürdigkeit bewerten, Sozialleistungen berechnen, Rückfallwahrscheinlichkeiten prognostizieren. Immer geht es um mehr als bloße Rechenoperationen.

Tatsächlich sind KI-Entscheidungen nie neutral, nie wertfrei. Stattdessen reflektieren sie immer auch die Prämissen und Prioritäten derer, die sie entwickeln und anwenden. Jeder Algorithmus hat Ziele, denen er folgt. Jedes Modell hat Annahmen, auf denen es fußt. Und jeder Datensatz hat Muster, die er verstärkt oder ausblendet.

Schon die Wahl der Testdaten und Erfolgsvariablen beim maschinellen Lernen ist ein zutiefst ethischer Akt: Wer definiert, was "richtig" und "falsch" ist? Welche Wertmaßstäbe werden zugrunde gelegt? Und mit welchen Konsequenzen für wen?

Nicht selten führt das zu Problemen. Etwa, wenn KI-Systeme unhinterfragt gesellschaftliche Vorurteile und Diskriminierungen reproduzieren, die schon in den Trainingsdaten stecken. Wenn sie bestimmte Gruppen systematisch benachteiligen, weil diese in den Stichproben unterrepräsentiert sind. Oder wenn sie fragwürdige Korrelationen erzeugen – zwischen Hautfarbe und Kriminalität, Geschlecht und Berufserfolg, Wohnort und Kreditwürdigkeit.

Auch ist KI nicht davor gefeit, instrumentalisiert zu werden für illegitime Zwecke – von der Massenüberwachung bis zur Wahlmanipulation. Und sie wirft schwierige Fragen auf, wenn es um den Schutz von Grundrechten geht, um informationelle Selbstbestimmung oder den Wunsch nach Nicht-Diskriminierung.

All diese Beispiele zeigen: Der Einsatz von KI ist eine hochgradig ethische Angelegenheit. Er berührt unsere Vorstellungen von Gerechtigkeit und Gleichheit, von Selbstbestimmung und Solidarität, von Transparenz und Partizipation. Er definiert mit, wie wir als Gesellschaft zusammenleben wollen – heute und in Zukunft.

Für Unternehmen bedeutet das: Sie können sich ihrer moralischen Verantwortung nicht entziehen, wenn sie KI nutzen. Im Gegenteil: Je mächtiger die Technologie wird, desto drängender stellen sich ethische Fragen. Fragen, die weit über die eigene Profitabilität hinausgehen und das Gemeinwohl in den Blick nehmen.

Wie also umgehen mit diesem Spannungsfeld? Wie KI so entwickeln und einsetzen, dass sie dem Menschen dient – und nicht schadet? Patentrezepte gibt es nicht, aber einige Leitplanken zeichnen sich ab.

Da wäre zunächst die Forderung nach Transparenz und Erklärbarkeit. Unternehmen, die KI nutzen, sollten offenlegen, wie ihre Systeme zu Entscheidungen kommen. Welche Daten fließen ein? Welche Regeln und Annahmen gelten? Wo liegen die Grenzen des Modells? Nur so lässt sich diskutieren, ob die zugrunde gelegten Werte angemessen und fair sind.

Das bedeutet auch, die Systeme selbst transparenter und verständlicher zu machen. Stichwort "explainable AI": Lernende Algorithmen sollen nicht nur Ergebnisse liefern, sondern auch erklären können, wie sie darauf kommen. Dafür braucht es neue Ansätze – technisch, aber auch in Sachen Kommunikation und Interaktion zwischen Mensch und Maschine.

Mindestens ebenso wichtig sind Kontrollmechanismen und Interventionsmöglichkeiten. KI darf keine Blackbox sein, der wir blind vertrauen. Stattdessen müssen Menschen eingreifen können, wenn etwas schiefläuft. Das erfordert menschliche Verantwortlichkeiten, Aufsichts- und Beschwerdeinstanzen, klar definierte Prozesse für den Umgang mit Fehlern und unerwünschten Effekten.

Auch Nicht-Diskriminierung und Fairness müssen zentrale Designprinzipien sein. KI-Systeme sollten so entwickelt und trainiert werden, dass sie niemanden systematisch benachteiligen – weder aufgrund von Hautfarbe, Geschlecht und Herkunft noch von Alter, Behinderung oder sexueller Orientierung. Dafür braucht es inklusive Daten, aber auch Techniken zur Erkennung und Korrektur von Bias.

Hinzu kommt der Imperativ der Privatheit und Datensouveränität. Menschen müssen wissen und kontrollieren können, welche ihrer Informationen in KI-Systeme einfließen – und zu welchem Zweck. Ihre Daten sind kein Spielball der Algorithmen, sondern Ausdruck ihres Rechts auf informationelle Selbstbestimmung. Unternehmen tragen dafür Sorge, indem sie Grundsätze der Datensparsamkeit und -sicherheit beherzigen.

Schließlich gehört zur ethischen Gestaltung von KI auch der Blick auf soziale Folgen.

- Welche Auswirkungen hat der Einsatz lernender Maschinen auf Arbeitsmärkte, Bildungssysteme, Machtgefüge?
- Wo liegen die Chancen, wo die Gefahren?
- Und welche Maßnahmen braucht es, um den Wandel human zu bewältigen – von der Qualifizierung übers Arbeitsrecht bis zur sozialen Sicherung?

> Sie sehen: Die Liste der Postulate ist lang und anspruchsvoll. Ethische KI-Entwicklung ist eine komplexe Aufgabe – technologisch, organisatorisch, kulturell. Sie erfordert einen ganzheitlichen, interdisziplinären Ansatz, der juristische Compliance mit moralischer Reflexion verbindet. Der auf technische Exzellenz ebenso setzt wie auf Wertebewusstsein, Stakeholder-Dialog und gesellschaftliche Verantwortung.

Für Unternehmen heißt das vor allem: Ethik von Anfang an mitdenken. Schon bei der Konzeption und dem Design von KI-Systemen Fairness, Transparenz und Accountability verankern. Gremien und Prozesse etablieren, um ethische Fragen zu adressieren. Und dabei immer auch externe Perspektiven einbeziehen – von Nutzern, Betroffenen, unabhängigen Experten.

Hilfreich sein können auch freiwillige Selbstverpflichtungen und branchenübergreifende Standards. Beispiele dafür gibt es, von den "Ethical AI Principles" der OECD über die "Ethics Guidelines for Trustworthy AI" der EU-Kommission bis zum "AI Global Governance Framework" des World

Economic Forums. Solche Initiativen können zwar staatliches Handeln nicht ersetzen, wohl aber Orientierung und Motivation liefern.

Eine wichtige Rolle spielen zudem Bildung und Befähigung. Unternehmen sollten ihre Mitarbeiter und Führungskräfte fit machen für die ethischen Dimensionen von KI – durch Training, Sensibilisierung, Zielvereinbarungen. So wird Verantwortung operationalisiert und mit Leben gefüllt. Fachkompetenzen zu Data Science und Machine Learning ergänzen sich mit Ethik-Knowhow zum Profil der Zukunft.

Eines ist klar: Ethisch verantwortliche KI gibt es nicht zum Nulltarif. Sie bedeutet Mehraufwand, der sich nicht immer sofort auszahlt. Doch die Investitionen lohnen sich – durch Vertrauen, Legitimität und Innovationskraft. Gerade weil KI so tief in unserem Leben wirkt, braucht sie einen stabilen moralischen Kompass. Sonst riskiert sie Akzeptanz und Zukunftsfähigkeit.

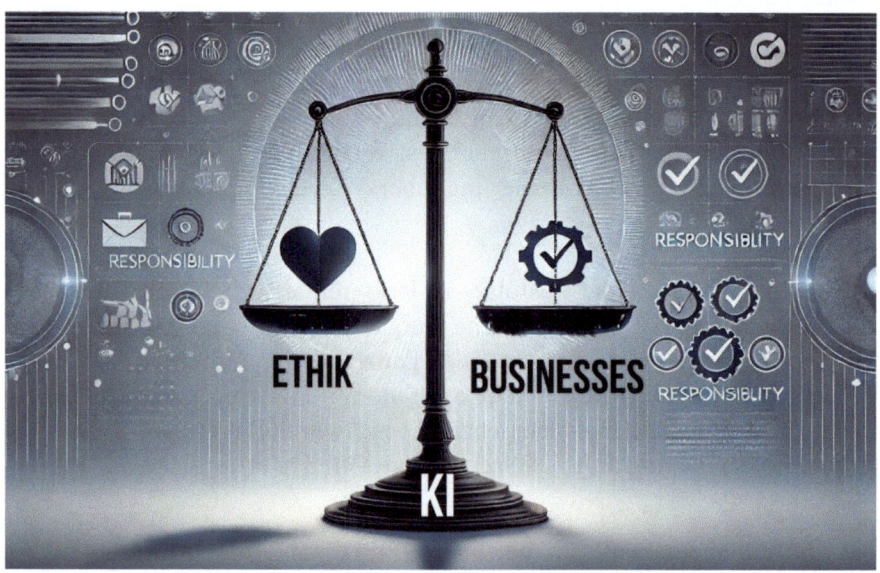

Abb. 22: KI macht Abwägung von Ethik und Ökonomie erforderlich

Vorreiter haben das erkannt. Kein Wunder, dass immer mehr Unternehmen Ethics Boards und Oversight Committees einrichten, mit Konsequenz auf ethical AI setzen. Sie wissen: In einer algorithmischen Welt werden Wettbewerbsvorteile nicht nur an Marktanteilen und Margen gemessen – sondern auch an Verantwortungsbewusstsein und Gemeinwohlorientierung.

5.4 Ethische Fragen der KI-Nutzung

Damit sind wir bei der vielleicht wichtigsten Erkenntnis: KI und Ethik sind kein Gegensatz – im Gegenteil. Eine an Werten ausgerichtete KI, die den Menschen in den Mittelpunkt stellt, ist zugleich leistungsfähiger und innovativer. Sie holt das Beste aus Mensch und Maschine heraus. Und sie setzt Potenziale frei für das, was wirklich zählt: Ein besseres, sinnerfüllteres Leben für alle.

Für die Wirtschaft birgt dies die historische Chance, KI als Kraft für positive Transformation zu nutzen. Als Werkzeug, um große Herausforderungen anzugehen – vom Klimawandel über Armut bis hin zu Krankheiten. Und als Anstoß, die eigene Rolle in der Gesellschaft grundsätzlich neu zu denken. Weg vom reinen Profitstreben, hin zu nachhaltiger, verantwortlicher Wertschöpfung.

Dafür braucht es in den Unternehmen neue Ansätze: Multidisziplinäre Teams, die technische und ethische Expertise zusammenbringen. Partizipative Verfahren, die unterschiedliche Stakeholder an einen Tisch holen. Eine Führungskultur, die Mut zu Transparenz und kritischem Diskurs fördert. Und ein Commitment zum Gemeinwohl als unverrückbarer Teil der DNA.

Diese Haltung vorzuleben, täglich zu verankern, ist die vielleicht größte Gestaltungsaufgabe, vor der Unternehmenslenker jetzt stehen. Sie erfordert Weitsicht, Überzeugungskraft und Veränderungsbereitschaft auf allen Ebenen. Denn es geht um nicht weniger als den Übergang in ein neues Paradigma des Wirtschaftens: Eines, das den Fortschritt der Menschheit über die Optimierung von Kennzahlen stellt.

Dies mag idealistisch klingen, utopisch gar. Aber es ist die zwingende Konsequenz aus der Einsicht, dass Technologien wie KI uns vor radikal neue Entscheidungen stellen. Entscheidungen über die Art von Zukunft, die wir als Gesellschaft wollen. Über die Werte und Prinzipien, die unser Zusammenleben leiten. Über das Verhältnis von Mensch, Natur und Technik.

Als Unternehmen und Gestalter tragen wir dafür eine besondere Verantwortung. Nicht, weil wir dazu verpflichtet wären. Sondern weil wir dazu befähigt sind. Weil wir mit unseren Innovationen Tatsachen schaffen – ob wir wollen oder nicht. Weil wir mit jeder Designentscheidung, jeder Produkteinführung, jeder Marktbewegung Weichen stellen für das, was kommt.

Das mag eine große Bürde sein, doch zugleich ist es ein Privileg. Denn es bedeutet, dass wir etwas bewegen können. Dass wir Alternativen aufzeigen und neue Wege beschreiten können. Dass wir als Visionäre und Vordenker einer Wirtschaft vorangehen können, die Profitabilität und Verantwortung versöhnt.

Eine solche Wirtschaft ist keine Schimäre. Sie ist machbar, hier und heute – wenn wir uns entscheiden, sie Wirklichkeit werden zu lassen. Wenn wir Haltung zeigen und verbindliche ethische Standards setzen. Wenn wir in Menschen und Werte investieren, nicht nur in Technologie und Effizienz. Und wenn wir KI zum Hebel machen für eine Ökonomie, in der Maschinen dem Menschen dienen – und nicht umgekehrt.

In diesem Sinne plädieren wir für einen verantwortungsbewussten, wertegetriebenen Einsatz von KI als ureigene unternehmerische Aufgabe. Das ist mehr als ein moralischer Appell. Es ist eine ökonomische und gesellschaftliche Notwendigkeit angesichts der Tragweite dessen, was vor uns liegt. Nur wenn wir jetzt die richtigen Prioritäten setzen, haben wir die Chance, aus dem technologischen Quantensprung auch einen humanistischen, einen zivilisatorischen Fortschritt zu machen.

Lassen Sie uns dafür die Basis schaffen: Mit Technikgestaltung, die ethischen Prinzipien folgt. Mit Geschäftsmodellen, die gesellschaftlichen Mehrwert stiften. Und mit Führung, die Verantwortung lebt und im Dienst des Menschen steht. Das ist die Zukunft, für die es sich zu arbeiten, zu kämpfen lohnt. Packen wir sie an!

Die wesentlichen Lerninhalte sind hier nochmals zusammengefasst:

- *Unternehmen müssen sicherstellen, dass KI-Entscheidungen nachvollziehbar und verständlich sind, um Vertrauen und ethische Verantwortung zu fördern.*
- *Fairness und Nicht-Diskriminierung als Designprinzipien wichtig, weshalb KI-Systeme so gestaltet werden müssen, dass sie niemanden aufgrund von Faktoren wie Geschlecht, Herkunft oder Alter benachteiligen.*
- *Menschen haben ein Recht darauf zu wissen und zu kontrollieren, wie ihre Daten verwendet werden, was Datensparsamkeit und sichere Nutzung erfordert.*
- *Unternehmen tragen eine moralische Verantwortung und der Einsatz von KI erfordert von Unternehmen proaktive Maßnahmen, um soziale Gerechtigkeit, Transparenz und das Gemeinwohl zu fördern.*

6 Wie man KI erfolgreich in Unternehmen einsetzen kann

6.1 Der Game Changer

Die gute Nachricht vorweg: Künstliche Intelligenz ist kein Hexenwerk. Mit der richtigen Strategie, den passenden Ressourcen und einem klaren Fokus auf Mehrwert lässt sie sich erfolgreich in die eigenen Abläufe und Angebote integrieren. Aber: Der Weg ist kein Spaziergang. Es braucht Weitsicht, Geduld und vor allem den Willen, alte Denkmuster aufzubrechen.

Denn eines ist klar: KI ist weit mehr als "noch eine IT-Lösung". Sie ist Katalysator und Vehikel eines tiefgreifenden Wandels, der Unternehmen in ihrer Substanz verändert – technologisch, organisatorisch, kulturell. Wer sie zum Erfolg führen will, der muss bereit sein, das große Ganze in den Blick zu nehmen. Isolated Experimente und Insellösungen führen nicht weit.

Lassen Sie uns deshalb einen Schritt zurücktreten und fragen: Was braucht es wirklich, um KI in der Breite nutzbar zu machen? Welche Voraussetzungen müssen Firmen schaffen in Sachen Daten, Systeme, Kompetenzen? Und vor allem: Wie orchestrieren sie das Zusammenspiel von Mensch, Organisation und Technologie hin zu neuen Wertschöpfungsmodellen?

Es sind Fragen, mit denen sich viele Unternehmen schwertun. Nicht, weil es ihnen an Motivation oder Ressourcen fehlte. Sondern weil sie den Zielhorizont zu eng abstecken. Da wird KI als Rationalisierungshebel gesehen, als Tool zur Kostensenkung und Prozessoptimierung. Alles wichtige Dinge – aber eben nicht die ganze Geschichte.

Denn das wahre transformative Potenzial von KI liegt nicht in inkrementellen Verbesserungen. Es liegt in völlig neuen Möglichkeiten der Wertschöpfung: In datenbasierten Services und Geschäftsmodellen, in Echtzeit-Anpassungen und vorausschauenden Entscheidungen, in dezentraler Selbstorganisation und kreativer Kollaboration von Mensch und Maschine.

Um diese Potenziale zu heben, braucht es einen ganzheitlichen, strategischen Ansatz. Einen Ansatz, der KI nicht als isoliertes Tool begreift, sondern als Game Changer für die gesamte Organisation. Als Ermöglicher für Innovation, Agilität, Kundennähe. Und der alle Facetten ins Kalkül zieht, die für eine erfolgreiche Skalierung nötig sind.

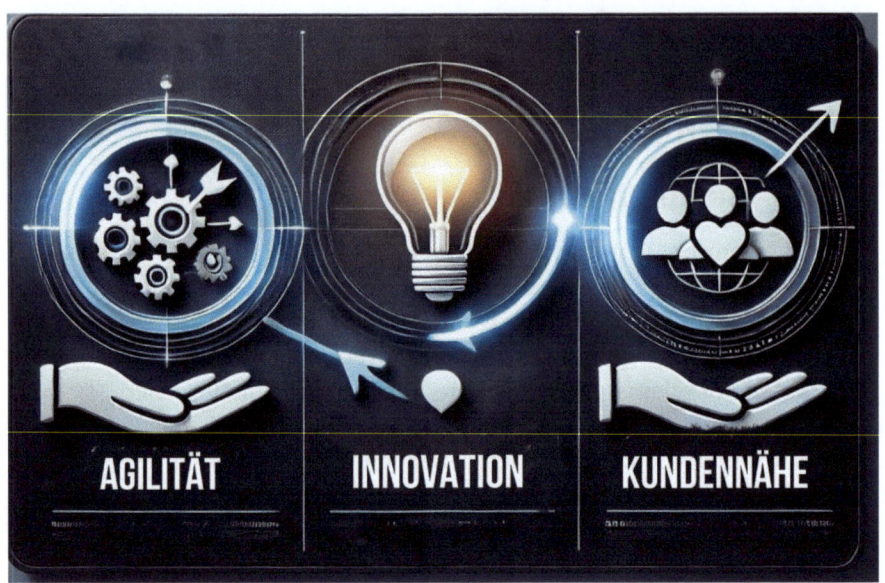

Abb. 23: KI ermöglicht Agilität, Innovation und Kundennähe

Mit diesem Ansatz wollen wir uns im Folgenden beschäftigen. Schritt für Schritt werden wir sezieren, worauf es bei der KI-Integration in Unternehmen wirklich ankommt. Von der Vision über die technischen Fundamente bis hin zur konkreten Umsetzung und Verankerung. Begleiten Sie mich auf dieser Tour d'Horizon durch die Schlüsseldimensionen einer "Enterprise AI".

6.2 Strategische Integration von KI in Unternehmenszielen

Jede Reise beginnt mit einer Idee. Einem Bild davon, wohin es gehen soll. Ohne Ausnahme gilt das auch für den Weg hin zu einer KI-gestützten Organisation. Ehe auch nur eine Zeile Code geschrieben wird, muss Klarheit darüber herrschen, was mit der Technologie erreicht werden soll. Welche übergeordneten Ziele stehen im Fokus:

- Effizienzsteigerung?
- Innovationskraft?
- Kundenorientierung?

Dies ist keine triviale Frage. Noch immer setzen viele Unternehmen KI primär als Werkzeug zur Kostensenkung ein. Prozessautomatisierung, Predictive Maintenance, Betrugserkennung – die Liste der Use Cases ist lang und eindrucksvoll. Und doch greift ein rein effizienzorientierter Blick auf KI zu kurz. Denn er unterschätzt ihre strategische Dimension.

Tatsächlich kann KI Unternehmen dabei helfen, ihre Strategien grundlegend zu überdenken und neu auszurichten. Indem sie Daten konsequent in den Mittelpunkt stellt und als Treibstoff für Entscheidungen und Innovationen nutzt. Indem sie hilft, Silos aufzubrechen, Agilität und Kollaboration zu stärken. Und indem sie Produkte und Dienstleistungen ermöglicht, die weit über klassische Branchengrenzen hinausgehen.

Um dieses Potenzial zu entfalten, müssen Unternehmen KI aus der Nische der Experimente holen und konsequent mit ihren strategischen Prioritäten verknüpfen.

Einige Beispiele:

- Für Firmen, die sich als Innovationsführer positionieren wollen, kann KI zum Enabler werden, um Produktentwicklungszyklen radikal zu verkürzen und Trends frühzeitig zu erkennen.
- Unternehmen, die Kundennähe und individuelle Lösungen ins Zentrum stellen, finden in KI einen Schlüssel für Hyperpersonalisierung und schnelles Reagieren auf Bedarfe.
- Organisationen, die sich an Nachhaltigkeit und gesellschaftlichem Impact ausrichten, können mit KI ihre Lieferketten transparent machen und Ressourcenverbräuche optimieren.

Der Clou dabei: In allen Fällen ist KI kein Selbstzweck. Sie leitet sich ab aus übergeordneten Geschäftszielen und orchestriert Daten und Analysen zu deren Erreichung. Sie wird integraler Teil der Strategie – und zugleich Hebel für deren Weiterentwicklung im Lichte neuer technologischer Möglichkeiten. Genau darin liegt der Paradigmenwechsel.

Dieser "Strategic Alignment"-Ansatz erfordert zweierlei: Zum einen ein tiefes Verständnis des eigenen Geschäftsmodells und der Wettbewerbsdifferenziatoren.

- Was macht uns aus?
- Wo liegt unsere DNA, wo wollen wir hin?

Nur wer das klar vor Augen hat, kann gezielt nach Einsatzfeldern für KI suchen, die echten Mehrwert stiften – jenseits von Effizienzgewinnen und Prozessoptimierungen.

Zum anderen braucht es ein ebenso profundes Wissen um die Möglichkeiten von KI – und deren Grenzen.

- Was kann die Technologie heute wirklich leisten?
- Welche Voraussetzungen sind dafür nötig?
- Und wo liegen (noch) Hürden in Sachen Machbarkeit, aber auch Akzeptanz und Ethik?

Nur im Dialog zwischen Fach- und IT-Seite lassen sich hier tragfähige Anwendungsfälle identifizieren.

Gerade im Top-Management ist diese beiderseitige Kompetenz gefragt. CEOs müssen ein Grundverständnis von KI-Konzepten und -Potenzialen mitbringen, um strategische Entscheidungen treffen zu können. Und sie müssen eine Sprache finden, um mit Data Scientists, ML Engineers und Co. auf Augenhöhe zu kommunizieren. Nur so können sie Leuchtturmprojekte anstoßen und den Kurs hin zu einer datengetriebenen Organisation bestimmen.

> Ein gutes **Beispiel** für dieses Zusammenspiel ist die **Modeindustrie**. Traditionell setzen Marken hier auf das Gespür von Designern und Trendscouts, um neue Kollektionen zu entwerfen. Mit KI eröffnen sich nun völlig neue Möglichkeiten: Algorithmen analysieren Laufstegfotos, Social-Media-Trends und Verkaufsdaten und prognostizieren angesagte Farben, Schnitte, Muster. Sie simulieren, wie sich Entwürfe in unterschiedlichen Stoffqualitäten und Größen machen. Und sie optimieren die Produktion, Logistik und Preisgestaltung.
> Das Ergebnis ist eine hocheffiziente "Data-driven Fashion Value Chain" – vorausgesetzt, das Management versteht das Potenzial von KI und richtet seine Strategie danach aus. Es braucht den Mut, etablierte Prozesse zu hinterfragen und neu zu denken. Es erfordert Investitionen in Technologie und Talente, auch wenn der ROI zunächst unklar scheint. Und es bedingt die Bereitschaft zu Experimenten und raschem Lernen, selbst wenn nicht alles gleich rund läuft.

Besonders wichtig ist auch die Einbindung der Mitarbeiter. Denn eines ist klar: Ohne die Menschen wird auch die beste KI-Strategie nicht fliegen.

6.2 Strategische Integration von KI in Unternehmenszielen

Es braucht Transparenz und Partizipation, um Ängste abzubauen und Begeisterung zu wecken. Erklären, enabling, empowern – nur wenn Teams die Chancen von KI für sich greifbar erleben, werden sie zu engagierten Mitgestaltern des Wandels.

All dies unterstreicht: Die strategische Integration von KI ist eine Managementaufgabe ersten Ranges. Sie anzugehen braucht Weitblick, Tatkraft und einen langen Atem. Aber es lohnt sich. Denn wer es schafft, wird mit Wettbewerbsvorteilen belohnt, die weit in die Zukunft reichen. Mit adaptiven, selbstlernenden Organisationen, die kontinuierlich neue Mehrwerte generieren – für Kunden, Mitarbeiter, Eigentümer.

Dabei muss nicht alles auf einmal passieren. Meist führen viele kleine Schritte schneller zum Ziel als die eine große Disruption. Entscheidend ist, mit einer klaren Vision zu starten und beharrlich in die gleiche Richtung zu gehen. Also: Potenziale identifizieren, Use Cases priorisieren, Enabler aufbauen – und dabei immer den strategischen Nordstern im Blick behalten. Dann wird aus KI mehr als ein Efficiency Tool. Dann wird sie zum Game Changer.

Die wesentlichen Lerninhalte sind hier nochmals zusammengefasst:

- *KI muss mit übergeordneten Geschäftszielen verknüpft sein: Unternehmen sollten KI gezielt einsetzen, um Effizienz, Innovationskraft und Kundenorientierung voranzutreiben.*
- *Strategische Neuausrichtung durch Datenzentrierung mit KI hilft, Silos aufzubrechen, Kollaboration zu fördern und Produkte sowie Dienstleistungen weit über traditionelle Branchengrenzen hinaus zu entwickeln.*
- *Firmen können KI beispielsweise nutzen, um Produktentwicklungszyklen zu verkürzen, Lieferketten transparenter zu machen oder personalisierte Lösungen zu schaffen.*
- *KI sollte als integraler Bestandteil der Unternehmensstrategie angesehen werden, um die Organisation kontinuierlich weiterzuentwickeln und an neue technologische Möglichkeiten anzupassen.*
- *Führungskräfte müssen ein tiefes Verständnis für KI-Potenziale und -Grenzen entwickeln, um die strategische Ausrichtung zu gestalten und mit technischen Teams effektiv zusammenzuarbeiten.*

6.3 Aufbau der notwendigen Infrastruktur und Kompetenzen

Eine Sache ist, eine überzeugende KI-Vision zu entwickeln. Eine ganz andere, diese in die Realität umzusetzen. Der Grund: Künstliche Intelligenz im Unternehmensmaßstab braucht substanzielle Voraussetzungen. Dazu zählen eine belastbare Dateninfrastruktur und -Kultur ebenso wie spezifisches Knowhow und neue Organisationsformen. All dies aufzubauen ist anspruchsvoll – technisch wie menschlich.

Werfen wir zuerst einen Blick "unter die Haube", auf die technischen Grundlagen. Im Kern dreht sich hier alles um drei große Bs: Bytes, Bandbreite, Rechner (auf Englisch: compute). Sprich: Unternehmen brauchen riesige Mengen an qualitativ hochwertigen Daten, mächtige Netze, um diese zu transportieren, und massive Rechenleistung, um sie zu verarbeiten. Zusammen bilden sie das Rückgrat jeder Enterprise AI.

Schauen wir uns diese Komponenten genauer an, beginnend mit den Daten. Ihr Stellenwert für KI kann gar nicht hoch genug eingeschätzt werden. Denn Algorithmen sind letztlich nur so gut wie die Informationen, mit denen sie gefüttert werden. Menge, Aktualität, Konsistenz – in allen Dimensionen braucht es Exzellenz, um Höchstleistung zu erzielen. Das fängt bei der Erfassung und Bereinigung der Daten an, geht über ihre Anreicherung bis hin zu Speicherung und Governance.

> Lassen Sie es mich an einem **Beispiel** illustrieren:
> Angenommen, ein **Hersteller von Industrieanlagen** will eine KI entwickeln, die drohende Maschinenausfälle anhand von Sensordaten prognostizieren kann. Eine klassische Predictive-Maintenance-Anwendung. Voraussetzung dafür sind zunächst Unmengen an Messwerten zu Faktoren wie Temperatur, Druck, Vibration oder Stromverbrauch. Und zwar möglichst lückenlos über einen langen Zeitraum hinweg.

> Das **Problem**: In vielen Unternehmen schlummern diese Schätze noch in Silodatenbanken, Excel-Tabellen oder Papierordnern. Schlimmer noch: Oft werden gar nicht erst alle relevanten Parameter digital erfasst. Die Folge sind blinde Flecken, die sich verheerend auf die Modellgüte auswirken können. Wer kennt nicht verhängnisvolle Beispiele für KI-Systeme, die aufgrund unzureichender Trainingsdaten katastrophal danebenlagen?

6.3 Aufbau der notwendigen Infrastruktur und Kompetenzen

Die Lehre daraus: Ohne robustes Datenmanagement geht nichts. Unternehmen müssen gezielt in Sensorik, Konnektoren und Pipelines investieren, um Informationen aus unterschiedlichsten Quellen – von Maschinen über IT-Systeme bis zu externen Anbietern – zuverlässig zu erfassen und zusammenzuführen. Dabei gilt: Je strukturierter, standardisierter und qualitätsgeprüfter die Daten daherkommen, desto besser.

Ein Ansatz, der hier zunehmend Schule macht, ist "DataOps" – eine agile Methodik, die DevOps-Prinzipien auf die Datenwelt überträgt. Ihr Ziel ist es, durchgängige, automatisierte Pipelines zu schaffen, in denen Daten ohne menschliches Zutun aus unterschiedlichsten Quellen zusammenfließen, angereichert und verarbeitet werden. Quasi das Fließband der Enterprise AI, an dem alle Stakeholder nahtlos kollaborieren – von Data Engineers über Data Stewards bis hin zu Business Usern.

> Aber Achtung: Auch die beste Pipeline nützt nichts ohne leistungsfähigen Datentransport. Hier kommt die Infrastruktur ins Spiel – konkret: Netzwerke und Connectivity, die immense Datenvolumina zuverlässig, sicher und in Echtzeit übertragen können. Ein neuralgischer Punkt gerade für stark verteilte, globale Organisationen, in denen Informationen über Standorte und Zeitzonen hinweg fließen müssen.

Zwei Entwicklungen spielen hier eine Schlüsselrolle: 5G und Edge Computing. 5G-Netze ermöglichen Bandbreiten und Latenzen, die früher undenkbar schienen – und damit völlig neue Anwendungen von Predictive Maintenance über Drohneninspektion bis hin zu autonomen Fahrzeugen. Edge Computing wiederum verlagert Rechenleistung und KI-Funktionen an den Rand der Netzwerke, direkt zu Sensoren und Devices. Das reduziert nicht nur den Datentransfer, sondern erlaubt auch ultraschnelle, lokale Entscheidungen.

Kommen wir damit zur dritten Zutat einer Enterprise-AI-Infrastruktur: Massive Rechenpower. Klar ist: Ohne Hochleistungsrechner, die riesige Datenmengen in Windeseile verarbeiten und komplexeste Modelle trainieren können, geht in Sachen KI gar nichts. Doch die schiere Skalierung von Prozessoren und Speicher reicht nicht aus. Mindestens ebenso wichtig ist eine Architektur, die unterschiedlichste Workloads performant und kosteneffizient unterstützt.

Der Schlüssel dazu liegt in hybriden, verteilten Systemen, die klassische On-Premises-Ressourcen flexibel mit Cloud-Umgebungen verzahnen. Unternehmen können so je nach Anwendungsfall und Datenschutzanforderungen die jeweils beste Mischung aus Leistung, Skalierbarkeit und Kostenkontrolle realisieren. Einige datenintensive KI-Dienste laufen vielleicht auf dedizierten HPC-Clustern im eigenen Rechenzentrum. Andere greifen auf GPU-Ressourcen in der Cloud zurück, um Lastspitzen abzufedern.

Orchestriert werden diese Umgebungen durch Container-Plattformen wie Kubernetes und Datenvirtualisierung, die Anwendungen und Daten von der physischen Infrastruktur entkoppeln. Entwickler können so KI-Modelle einmal bauen und überall laufen lassen – egal ob on-prem, in der Cloud oder an der Edge. Gleichzeitig behält die IT die Kontrolle über Sicherheit, Governance und Ressourcenverbrauch. Die Basis für unternehmensweit skalierende KI.

Doch so wichtig die technischen Fundamente sind: Mindestens ebenso entscheidend für eine erfolgreiche Enterprise AI sind die richtigen Skills und Strukturen. Sprich: Unternehmen müssen gezielt Kompetenzen aufbauen und ihr Organigramm auf neue Beine stellen. Denn eines ist klar: Die alten Muster von IT-Abteilung hier, Fachabteilung da, werden den Anforderungen einer KI-getriebenen Organisation nicht gerecht.

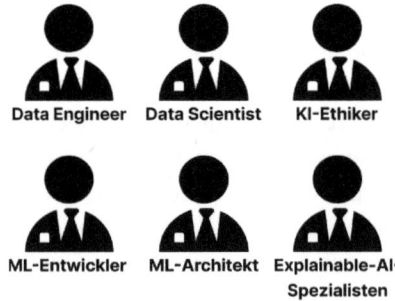

Abb. 24: Die neuen Rockstars der Digitalisierung: Experten für Data Science, Machine Learning und KI-Ethik gestalten die Zukunft

Da ist zunächst der enorme Bedarf an spezialisierten Experten – von Data Engineers und Scientists über Machine-Learning-Entwickler und -Architekten bis hin zu KI-Ethikern und Explainable-AI-Spezialisten. Quer durchs Alphabet braucht es Fachleute, die Data-Science-Verfahren nicht nur theoretisch verstehen, sondern für spezifische Businessprobleme anwenden und kreativ kombinieren können. Eben die neuen "Rockstars" der Digitalisierung.

Das Problem: Genau diese Talente sind rar und heiß umkämpft. Unternehmen stehen hier in einem knallharten War for Talents – nicht nur untereinander, sondern auch mit Tech-Riesen, Startups und Forschungseinrichtungen. Da reichen klassische HR-Ansätze wie interne Weiterbildung und punktuelle Neueinstellungen kaum aus.

Gefragt sind vielmehr clevere **Personalstrategien**, die unterschiedlichste Hebel kombinieren:

- Strategische Partnerschaften mit Universitäten und Ausbildungsinstituten, um Talente frühzeitig zu identifizieren und an sich zu binden
- Gezielte Up- und Reskilling-Programme, die Mitarbeiter fit machen für neue Rollen an der Schnittstelle von Analytics, IT und Business
- Co-Innovation mit Startups und Forschungslaboren, um Expertenwissen ins Haus zu holen und gemeinsam an Leuchtturmprojekten zu arbeiten
- Der Aufbau von Communitys und Ökosystemen, um Erfahrungen auszutauschen und wechselseitig voneinander zu lernen
- Ein Cultural Change, der neue Karrierewege eröffnet und eine Kultur des lebenslangen Lernens, des Teilens und der interdisziplinären Kollaboration fördert

Klar ist aber auch: Fachwissen allein reicht nicht aus. Mindestens ebenso wichtig sind Manager und Führungskräfte, die Brücken bauen zwischen KI und Business. Die als Übersetzer und Vermittler wirken, um Data-Science-Erkenntnisse in konkrete Wertschöpfung zu übersetzen. Und die strategische Weitsicht und unternehmerischen Gestaltungswillen beweisen, um KI-Innovationen zum Erfolg zu führen. Ein neuer Typus von "Brückenbauern", ohne den das beste Modell Theorie bleibt.

Doch es braucht nicht nur die richtigen Leute, sondern auch passende Strukturen, in denen sie ihr Potenzial entfalten können. Der Grund: KI-Projekte sind komplex, fachübergreifend und mit hoher Unsicherheit behaftet. Sie passen nicht in klassische Silos und hierarchische Command-and-Control-Muster. Stattdessen verlangen sie nach crossfunktionalen, agilen Team- und Governancemodellen.

Eine Vorreiterrolle spielen hier etwa dezentrale "KI-Chapter" – Gruppen von KI-Experten aus unterschiedlichsten Bereichen, die Usecases in die Breite tragen. Sie unterstützen die Fachbereiche als interne Consultants, identifizieren Best Practices und sorgen für Wissensaustausch. Ergänzt werden sie durch ein zentrales KI-Competence Center, das Methoden und Standards setzt, Synergien orchestriert und die langfristige Weiterentwicklung der KI-Fähigkeiten steuert.

> **Agile Methoden und Prinzipien** wie Scrum oder Kanban spielen in diesem Setup eine wichtige Rolle. Denn sie schaffen einen Rahmen für interdisziplinäre, iterative Zusammenarbeit – von der Ideation über die Entwicklung und das Testing bis zum kontinuierlichen Monitoring und Tuning von KI-Anwendungen. So entstehen risikoarme, schnell lernende Entwicklungszyklen, die in monolithischen Kaskadenprojekten undenkbar wären.

Essenziell ist zudem, die richtigen Schnittstellen und Feedbackmechanismen zu etablieren – zwischen Zentrale und Peripherie, zwischen KI-Experten und Fachseite, zwischen Entwicklung und Betrieb. Die Rede ist von einer einheitlichen Data & KI Governance, die Verantwortlichkeiten, Entscheidungsrechte und Spielregeln klar regelt. Die Datenqualität und -sicherheit ebenso im Blick hat wie ethische und rechtliche Anforderungen. Und die den Wertbeitrag jeder Initiative misst und steuert.

> Kurzum: So elegant viele Organisationslösungen auf dem Papier aussehen – ihre Umsetzung ist harte Veränderungsarbeit. Change Management wird damit zur Schlüsseldisziplin für Enterprise AI. Es muss die Transformation ganzheitlich orchestrieren, eingefahrene Denkmuster aufbrechen, Rollen neu definieren. Kurz: KI-Lösungen nicht nur entwickeln, sondern in den operativen Wertschöpfungsalltag übersetzen. Nur so kann aus Technologie auch wirklich Business Value werden.

Verinnerlichen wir also: KI erfolgreich im Unternehmen zu verankern ist ein vielschichtiger, herausfordernder Kraftakt. Es braucht smarte Technologie ebenso wie befähigte Talente, die mit ihr umgehen können. Es erfordert neue Strukturen und Prozesse ebenso wie ein neues Mindset, das Experimentiergeist belohnt. Nichts davon ist trivial – doch die Mühe lohnt sich. Denn wer diese Enabler konsequent schafft, der legt das Fundament für KI-getriebene Innovationen, die Märkte, Branchen, ganze Industrien umkrempeln können.

Die wesentlichen Lerninhalte sind hier nochmals zusammengefasst:

- *Unternehmen benötigen qualitativ hochwertige Daten, leistungsfähige Netzwerke und massive Rechenkapazität, um KI-Anwendungen effektiv zu unterstützen.*
- *Datenqualität entscheidet über den Erfolg insofern sind die Erfassung, Bereinigung und Governance von Daten zentrale Voraussetzungen für die Leistungsfähigkeit von KI-Modellen.*
- *Unternehmen brauchen Fachkräfte wie Data Scientists, Machine-Learning-Experten und KI-Ethiker sowie eine kollaborative Organisationsstruktur.*
- *Agile Methoden und neue Strukturen fördern Innovation wie Crossfunktionale Teams, DataOps-Ansätze und eine flexible Infrastruktur sind notwendig, um KI erfolgreich und skalierbar in die Praxis umzusetzen.*

6.4 Datenmanagement als Schlüssel zum Erfolg

Lassen Sie uns einen Moment innehalten und auf das bisher Gesagte zurückblicken. Wir haben gesehen, dass jede KI-Reise mit einer klaren strategischen Vision beginnt:

- Welche Unternehmensziele wollen wir mit Künstlicher Intelligenz voranbringen?
- Wo sehen wir die größten Hebel für Effizienz, Wachstum, Kundenmehrwert?

Ist die Stoßrichtung definiert, geht es an die systematische Befähigung der Organisation: durch den Aufbau einer robusten technischen Infrastruktur, durch zielgerichtete Kompetenzentwicklung und agil-kollaborative Arbeitsstrukturen. Eine komplexe, vielschichtige Aufgabe, die Top-down wie Bottom-up angepackt werden muss.

Dabei ist uns immer wieder ein Thema beggenet, das wie ein roter Faden alle Aktivitäten durchzieht: Daten. Ihre Verfügbarkeit, Qualität und Governance scheint der entscheidende Dreh- und Angelpunkt zu sein, an dem sich Erfolg oder Misserfolg von KI-Projekten entscheiden. Tatsächlich ist exzellentes Datenmanagement eine, wenn nicht sogar die entscheidende Grundbedingung, um die Potenziale Künstlicher Intelligenz zu heben.

Aber was genau verstehen wir unter Datenmanagement? Im Kern geht es darum, Informationen systematisch und effizient entlang ihres gesamten Lebenszyklus zu steuern – von der Entstehung über die Aufbereitung, Analyse und Nutzung bis hin zu Archivierung und Löschung. Also um weit mehr als bloße Datenhaltung. Vielmehr ist Datenmanagement eine hochkomplexe, fachübergreifende Disziplin an der Schnittstelle von IT, Business und Compliance.

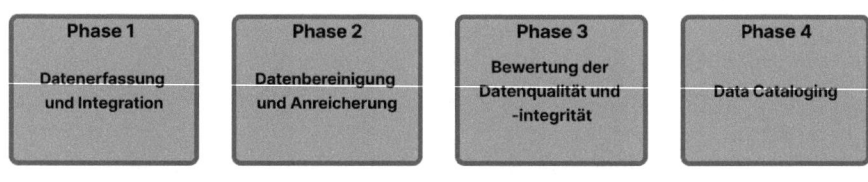

Abb. 25: Der Weg zu erfolgreichen KI-Anwendungen: Von Datenerfassung über Qualitätsbewertung bis hin zu transparentem Data Cataloging

Schauen wir uns die Aufgaben im Einzelnen an:

1. Am Anfang stehen die Datenerfassung und Integration. Ziel ist es, relevante Informationen aus unterschiedlichsten Quellen zuverlässig zu identifizieren, zu extrahieren und zusammenzuführen. Das können strukturierte Daten aus ERP- oder CRM-Systemen sein, aber auch unstrukturierte Daten wie Textdokumente, Bilder, Videos oder Sensor-Rohdaten. Entscheidend ist eine möglichst automatisierte, reibungslose Übernahme, um manuelle Aufwände und Fehlerquellen zu minimieren.
2. In einem zweiten Schritt gilt es, die Daten zu bereinigen und anzureichern. Dazu zählen die Eliminierung von Duplikaten, die Standardisierung von Formaten, die Harmonisierung von Begrifflichkeiten. Aber auch die Verknüpfung mit Zusatzinformationen oder externen Datensätzen, um den Kontext und Informationsgehalt zu erweitern. Je konsistenter und aussagekräftiger Daten in KI-Modelle einfließen, desto präziser und robuster fallen deren Ergebnisse aus.
3. Eine besondere Herausforderung liegt in der Bewertung der Datenqualität und -integrität. Denn nicht alles, was machbar ist, ist auch

richtig. KI-Algorithmen sind nur so gut und vertrauenswürdig wie die Informationen, mit denen sie gefüttert werden. Unternehmen müssen also höchste Sorgfalt walten lassen und genau prüfen: Sind die Daten vollständig, aktuell, repräsentativ? Oder gibt es Lücken, Inkonsistenzen, Verzerrungen, die zu fehlgeleiteten Entscheidungen führen? Feinste Risse im Datenfundament können fatale Folgen haben.

4. Damit Fachbereiche und Data Scientists die richtigen, qualitätsgesicherten Daten auch finden, braucht es transparente Strukturen und intuitive Zugriffswege. Hier kommt das Data Cataloging ins Spiel – quasi das "Inhaltsverzeichnis" der Unternehmensdaten. Metadaten, Herkunftsnachweise, Nutzungsrechte: All diese Informationen gilt es systematisch zu erfassen, semantisch zu verknüpfen und durchsuchbar zu machen. Erst wenn Anwender mit wenigen Klicks die benötigten Datensätze aufspüren, verstehen und verwenden können, entfaltet sich der Mehrwert für innovative KI-Anwendungen.

> Apropos Zugriff: Natürlich darf nicht jeder auf alle Unternehmensdaten zugreifen. Sei es aus Vertraulichkeitsgründen, sei es zum Schutz personenbezogener Informationen. Genau hier setzt das Data Access Management an. Es regelt, wer unter welchen Bedingungen welche Daten sehen, verändern oder nutzen darf. Je sensibler die Inhalte und je höher die Compliance-Anforderungen, desto wichtiger werden Zugriffskontrollen, Verschlüsselungstechniken, Anonymisierungsverfahren und lückenlose Protokollierung. Alles Schlüsselkomponenten, um Datenmissbrauch zu verhindern.

Hand in Hand damit geht die Data Governance. Ziel ist es, den "ordnungsgemäßen" Umgang mit Daten sicherzustellen – durch verbindliche Regeln, klare Rollen und Verantwortlichkeiten. Wer ist Data Owner, wer Data Steward? Welche Datenqualitätsstandards gelten? Wie lassen sich ethische Grundsätze operationalisieren? Nur wenn solche Fragen beantwortet sind, können KI-Systeme nachhaltig und regelkonform genutzt werden. Die Erfahrung zeigt: Mangelnde Data Governance ist einer der häufigsten Gründe, warum Analytics- und KI-Initiativen scheitern.

Denken wir schließlich an die Speicherung und langfristige Verwaltung von Daten. Es liegt in der Natur von KI-Anwendungen, dass sie in der Regel mit riesigen Volumina und Verarbeitungsgeschwindigkeiten operieren. Maschinelles

Lernen braucht nun mal eine breite, ständig wachsende Datenbasis. Das bringt klassische SQL-Datenbanken schnell an ihre Grenzen. Stattdessen kommen immer häufiger horizontale, verteilte Plattformen wie Hadoop zum Einsatz. Sie versprechen maximale Skalierbarkeit und Performance. Für ein ganzheitliches Datenmanagement allerdings genügen sie nicht.

Um die Komplexität heutiger Datenlandschaften zu meistern, setzen Unternehmen zunehmend auf einen Zweiklang: einerseits effiziente Datenspeicher für operative und analytische Zwecke, andererseits eine übergreifende Datenintegrations- und Orchestrierungsschicht. Letztere entkoppelt Datenzugriffe von den physischen Quellen, kümmert sich um Transformationen, Qualitätsprüfungen und Berechtigungen. Erst sie erlaubt ein einheitliches Management der Datenflüsse über Anwendungen und Geschäftsbereiche hinweg.

Ein Ansatz, der unter dem Stichwort Data Fabric aktuell intensiv diskutiert wird. Die Idee dahinter: eine Art "logische Datenschicht", die alle Datenquellen – von traditionellen Datenbanken über Data Warehouses und Data Lakes bis hin zur Cloud – nahtlos miteinander verknüpft. Anwender arbeiten dann nur noch mit dem "Fabric", müssen sich also nicht um die darunterliegenden Systeme und Speicherorte kümmern.

Dahinter steht der Gedanke eines "Data Product"-Ansatzes. Daten – und mit ihnen Analytics-Ergebnisse und KI-Modelle – werden wie Produkte behandelt, die einen klaren Mehrwert stiften. Die Aufgabe des "Fabrics" ist es, diese Produkte schnell, in hoher Qualität und nachfrageorientiert an die Konsumenten zu liefern – sprich: an Mitarbeiter, Führungskräfte, externe Partner. Eine Art "Datenbetriebssystem", das Wertschöpfung rund um Daten vereinfacht.

Dies illustriert: Ein zeitgemäßes Datenmanagement ist weit mehr als eine IT-Funktion. Vielmehr handelt es sich um einen geschäftskritischen Prozess, der das gesamte Unternehmen durchdringt – von der Datenproduktion über die -veredelung bis zur -monetarisierung. KI spielt dabei eine Doppelrolle: Einerseits setzt ihre Entwicklung hochwertige, vertrauenswürdige Daten voraus. Andererseits kann sie selbst die Effizienz und Effektivität des Datenmanagements steigern.

Letzteres zeigt sich an vielen Stellen: KI-Algorithmen helfen, Daten automatisch zu klassifizieren, Qualitätsmängel zu erkennen, Inkonsistenzen aufzuspüren. Sie optimieren Abfragen und Übertragungsprozesse, prognostizieren Lastspitzen und Ressourcenbedarfe. Oder unterstützen bei Compliance-Checks, indem sie sensible Datenmuster identifizieren und

6.4 Datenmanagement als Schlüssel zum Erfolg

Anomalien aufdecken. Unterm Strich wird der "Datenstrom" intelligenter, agiler, sicherer.

Wie so oft steckt aber auch hier der Teufel im Detail. Denn KI-gestütztes Datenmanagement erfordert hohe Reife und Präzision in den zugrundeliegenden Abläufen und Praktiken. Nur wenn Daten von vornherein sauber strukturiert, angereichert und in ihrem Lebenszyklus nachvollziehbar sind, können Algorithmen ihr Optimierungspotenzial ausspielen. Anders gesagt: KI ist kein Allheilmittel für schlechtes Datenmanagement, sondern setzt dieses in Teilen bereits voraus.

> Damit schließt sich der Kreis: Datenexzellenz ist ebenso Grundlage wie Ergebnis von Enterprise AI. Die kluge Orchestrierung von Daten über ihren gesamten Lebenszyklus hinweg ist der Schlüssel, um aus algorithmusbasierten Anwendungen Wert zu schöpfen – und zugleich selbst immer besser zu werden. Das Zusammenspiel von Datenmanagement und KI folgt einer Aufwärtsspirale: Je hochwertiger die Informationsgrundlage, desto leistungsfähiger die KI – was wiederum hilft, Datenprozesse zu optimieren.

Unternehmen, die dieses Potenzial für sich erschließen wollen, müssen zweierlei leisten:

- Erstens braucht es eine ganzheitliche Datenstrategie, die fachliche, technische und organisatorische Dimensionen gleichermaßen adressiert. Was sind unsere "Data Products"? Wie hängen sie zusammen? Wer nutzt sie wie, wofür und mit welchen Werkzeugen? Diese Fragen verlangen integrierte, orchestrierte Antworten.
- Zweitens braucht es ein neues Rollenverständnis und Skillset bei allen Beteiligten. Fachanwender werden zu "Data Stewards", IT-Experten zu "Data Product Managern". Querverbindungen und Perspektivwechsel sind gefragt. Daten- und KI-Kompetenz: kein "nice to have" mehr für einzelne Spezialisten, sondern Kern der Jobprofile nahezu aller Mitarbeiter. Lebenslanges Lernen wird hier zum Erfolgsmuster.

Gelingt es auf dieser Basis, Datenmanagement in den Dienst der Künstlichen Intelligenz zu stellen, eröffnen sich völlig neue Wertschöpfungsmöglichkeiten. Daten und Algorithmen interagieren auf immer intelligenteren Niveaus. Es entstehen sich selbst optimierende, lernende Regelkreise, die kontinuierlich an Effizienz und Innovationskraft gewinnen. Nicht nur punktuell, sondern über Geschäftsprozesse und Unternehmensgrenzen hinweg.

Dies hat tiefgreifende Folgen für das Wirtschaften und Arbeiten: Daten und KI verschmelzen zur strategischen Ressource. Plattformen und Ökosysteme werden zu den dominanten Organisationsformen. Es entsteht eine fluide, vernetzte Wertschöpfung, die in Echtzeit auf ändernde Marktbedingungen reagiert. Oder aktiver formuliert: die ihre Märkte durch überlegene Datennutzung und Algorithmen zunehmend selbst gestaltet.

Alles Science-Fiction? Im Gegenteil: Die Entwicklung hat längst begonnen. Unternehmen wie Amazon, Uber oder Alibaba machen es vor. Ihre Geschäftsmodelle basieren im Kern auf Datenströmen und KI-Intelligenz. Branchen wie Handel, Logistik oder Finanzwesen erleben dadurch tektonische Verschiebungen. Disruptive Innovationen sind an der Tagesordnung.

Wer jetzt nicht handelt, für den wird es eng. Denn der KI-getriebene Datenwettbewerb entscheidet zunehmend über die Zukunftsfähigkeit von Unternehmen – und ganzen Industrien. Wer es schafft, seine Daten und Algorithmen in Richtung Mehrwert zu orchestrieren, hat beste Chancen, die Regeln neu zu schreiben. Wer bei Datenmanagement und KI nicht Schritt hält, droht abgehängt zu werden.

Natürlich ist der Weg dorthin kein leichter. Es braucht Investitionen, Geduld, Durchhaltevermögen. Vor allem aber einen strategischen Kompass und eine fähige Organisation. Datenmanagement muss Chefsache sein. KI-Innovationen erfordern interdisziplinäre Teams und agile Methoden. Der kulturelle Wandel ist nicht zu unterschätzen.

Gleichwohl: Die Mühe lohnt. Ein Best-Practice-Datenmanagement als Fundament für skalierbare KI-Lösungen schafft nachhaltige Wettbewerbsvorteile. Mehr noch: Es wird zur Überlebensfrage in einer Zeit radikaler Marktveränderungen. Denn wenn eines klar ist, dann dies: Die Zukunft der Wirtschaft ist algorithmisch – getrieben von Daten, geformt von KI. Wer hier führt, dem gehört der Markt von morgen.

Damit stehen wir am Scheideweg. Unternehmen aller Branchen müssen sich entscheiden: Wollen sie die Potenziale eines KI-getriebenen Datenmanagements aktiv gestalten? Oder laufen sie Gefahr, von der Wucht der Entwicklung überrollt zu werden? Es liegt an den Verantwortlichen, die Weichen zu stellen. Mit Weitsicht, Mut und einem klaren Blick für die Chancen wie auch Herausforderungen.

Ein Weg, der sich gewiss auszahlt. Denn wer heute konsequent auf Datenexzellenz und KI setzt, der investiert in die ureigene Zukunftsfähigkeit

– als Organisation und als Ökosystem. Der Lohn sind Innovationskraft, Agilität, Resilienz.

Anders gesagt: Die Stärke, in der nächsten Wirtschaft eine prägende Rolle zu spielen. Datenmanagement als Schlüssel zum Erfolg – im doppelten Wortsinn.

Die wesentlichen Lerninhalte sind hier nochmals zusammengefasst:

- *Datenqualität ist der Erfolgsfaktor für KI-Projekte: Hochwertige, konsistente und vertrauenswürdige Daten sind essenziell.*
- *Eine umfassende Strategie, die Datenproduktion, -verarbeitung und -nutzung integriert, ist entscheidend, um KI-Initiativen nachhaltig und effizient zu gestalten.*
- *Klare Rollen, Verantwortlichkeiten und Richtlinien für den Umgang mit Daten sind unverzichtbar.*
- *Die Vernetzung und Integration von Daten aus unterschiedlichen Quellen ermöglicht nicht nur skalierbare KI-Lösungen, sondern schafft auch neue Wertschöpfungsmöglichkeiten.*

6.5 Change Management und kulturelle Transformation

Wir haben gesehen, dass die erfolgreiche Einführung von KI in Unternehmen auf mehreren Säulen ruht: einer tragfähigen Strategie, einer robusten Daten- und Systemlandschaft, neuen Fähigkeiten und agilen Organisationsformen. Doch all diese Faktoren werden wirkungslos bleiben ohne die vielleicht wichtigste Zutat: den Menschen. Denn letztlich sind es die Mitarbeiterinnen und Mitarbeiter, die KI-Visionen in gelebte Realität übersetzen.

Dies ist leichter gesagt als getan. Denn Künstliche Intelligenz löst bei vielen zunächst einmal Ängste und Vorbehalte aus. Die Sorge, durch Algorithmen und Roboter ersetzt zu werden, geht um. Neue Jobanforderungen schüren Unsicherheit. Und manch einer sieht liebgewonnene

> Routinen und Privilegien in Gefahr. Kurz: KI stößt auch auf Widerstände – offen oder verdeckt.

Damit ist klar: Die Einführung von KI in Organisationen ist zuallererst eine Aufgabe des Change Managements. Es geht darum, Mitarbeiter für den Wandel zu gewinnen. Ängste ernst zu nehmen und abzubauen. Chancen aufzuzeigen und zu nutzen. Kurz: Eine positive Vision zu entwickeln, in der KI nicht als Bedrohung erscheint, sondern als Werkzeug, um die eigene Arbeit besser und sinnstiftender zu machen.

Dies erfordert einen ganzheitlichen Ansatz, der weit über bloße Schulungsmaßnahmen oder Kommunikationskampagnen hinausgeht. Vielmehr braucht es eine tiefgreifende Veränderung der Unternehmenskultur. Eine Kultur, die Offenheit, Experimentierlust und lebenslanges Lernen fördert. Die Silos aufbricht und funktionsübergreifende Kooperation belohnt. Und die den Umgang mit Daten und KI zum selbstverständlichen Teil des Arbeitsalltags macht.

Leicht gesagt, doch wie sieht so ein KI-freundliches Mindset konkret aus? Drei Aspekte scheinen mir zentral:

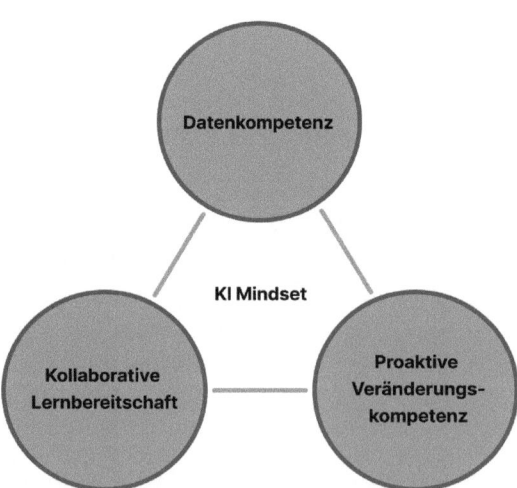

Abb. 26: Ein KI-freundliches Mindset: Datenkompetenz, kollaborative Lernbereitschaft und proaktive Veränderungskompetenz als Schlüssel zum Erfolg

6.5 Change Management und kulturelle Transformation

- Erstens **Datenkompetenz**. Im algorithmischen Business sind Informationen die Schlüsselressource. Wer ihre Bedeutung nicht versteht, gerät schnell ins Hintertreffen. Mitarbeiter müssen also ein Gespür entwickeln für das Ökosystem Daten – von Erfassungs- und Analysemethoden über Qualitätskriterien bis hin zu ethischen und rechtlichen Leitplanken.
- Zweitens **kollaborative Lernbereitschaft**. KI in Unternehmen ist keine One-Man-Show. Sie erfordert interdisziplinäre Teams, die Domänenwissen und Technologiekompetenz kreativ zusammenbringen. Gefragt sind also Mitarbeiter, die offen sind für neue Ideen, neugierig auf andere Perspektiven und bereit, gemeinsam Neuland zu betreten. Die sich als Teil einer lernenden, experimentierfreudigen Gemeinschaft verstehen.
- Drittens **proaktive Veränderungskompetenz**. KI ist kein Selbstzweck. Sie muss Wert stiften – für Kunden, für das Unternehmen, idealerweise für die Gesellschaft. Dazu braucht es Mitarbeiter, die Chancen erkennen, Ideen entwickeln und mutig vorangehen. Die nicht auf Anweisungen warten, sondern eigeninitiativ handeln. Und die unternehmerisch denken, also in Kosten, Erträgen und Machbarkeiten.

Diese drei Haltungen gilt es zu fördern, will man den kulturellen Nährboden für Enterprise AI bereiten. Doch wie gelingt dies? Patentrezepte gibt es nicht, aber eine Reihe bewährter Ansatzpunkte:

Da ist zunächst Qualifizierung. Gezielte Aus- und Weiterbildung ist unverzichtbar, um Mitarbeiter fit für das KI-Zeitalter zu machen. Das reicht von niedrigschwelligen Angeboten, die Grundkompetenzen vermitteln, bis hin zu spezialisierten Expertenprogrammen. Microlearning, Lernplattformen, Serious Games – neue, agile Formate sind gefragt. Und natürlich das Training on the Job in interdisziplinären Teams.

Genauso wichtig ist Transparenz und Beteiligung.

KI-Projekte müssen von den Betroffenen mitgestaltet werden, nicht im Hinterzimmer oder Elfenbeinturm entstehen. Regelmäßige Updates, Feedback-Schleifen, Use Case Workshops – Mitarbeiter wollen informiert und eingebunden sein. Open Space Formate und Leuchtturmprojekte helfen, Vertrauen und Akzeptanz zu schaffen.

Entscheidend ist zudem die Tonalität. KI sollte nicht als Heilsbringer inszeniert werden. Vielmehr braucht es eine sachliche, realistische Kommunikation, die Chancen und Risiken differenziert darstellt. Am besten anhand konkreter Anwendungsszenarien, die den persönlichen Mehrwert erlebbar machen. Storytelling kann hier Brücken bauen – etwa durch Interviews und Erfahrungsberichte von KI-Pionieren.

> Apropos Erleben: Nichts ist überzeugender als die eigene Erfahrung. Unternehmen sollten ihren Mitarbeitern daher möglichst früh und häufig Gelegenheit geben, KI-Lösungen selbst auszuprobieren – in Pilots, Testumgebungen, Ideation Sessions. Je mehr Menschen die Technologie anfassen, verstehen und mitgestalten können, desto größer die Akzeptanz.

Unverzichtbar ist schließlich die Vorbildfunktion des Managements. Führungskräfte müssen KI-Kompetenz und -Begeisterung authentisch vorleben. Sie müssen Freiräume und Sicherheit geben, ermutigen und wertschätzen. Nicht als ferne Gallionsfiguren, sondern als nahbare Ermöglicher und Lernpartner. Nur wenn an der Spitze ein klares Signal Richtung KI gesendet wird, kann sich das auf allen Ebenen fortsetzen.

Alles selbstverständlich? Mitnichten. Viele Unternehmen tun sich schwer, althergebrachte Autoritätsmuster und Silomentalitäten hinter sich zu lassen. Dabei ist der Kulturwandel Richtung KI ein tiefer Einschnitt, der an den Wurzeln ansetzt und über Jahre verfolgt werden muss. Ein Marathon, kein Sprint. Und eine Aufgabe, die weit über HR hinausgeht und alle Führungskräfte fordert.

Gleichwohl lohnt jede Anstrengung. Denn eine KI-freundliche Kultur ist weit mehr als nur Mittel zum Zweck. Sie kann zum nachhaltigen Wettbewerbsvorteil werden – in einer Welt, in der Kreativität, Kooperation und Lernfähigkeit über Erfolg entscheiden. Unternehmen, denen es gelingt, eine solche Kultur zu verankern, ziehen kompetente, motivierte Menschen an. Und sie entfesseln ungeahnte Potenziale für Innovation und Wertschöpfung.

Weil aber klassische Changeprojekte für solch tiefgreifende Transformation nur bedingt taugen, gehen immer mehr Organisationen zu einem systemischen, netzwerkorientierten Ansatz über. Die Idee: Statt Top-down zu verordnen, werden Mitarbeiter in die Lage versetzt, Veränderung selbst zu initiieren und zu gestalten – unterstützt von Coaches, Tools und Leitplanken.

Dies erfordert ein radikales Umdenken. Weg vom Bild der Organisation als Maschine, hin zum Konzept eines lebendigen Organismus. Hierarchie weicht Heterarchie, Command-and-Control macht Platz für Selbstorganisation und verteilte Führung. An die Stelle von Ausführung und Anpassung treten Ermächtigung, Ermöglichung – befeuert durch geteilte Purpose und Prinzipien.

Keine leichte Übung, gewiss. Doch wer den Aufwand scheut, wird im KI-Rennen nicht bestehen. Denn die Zukunft gehört agilen, anpassungsfähigen Organisationen, in denen die Trennung von "Business" und "IT" verschwimmt. Wo Diversität und Kollaboration selbstverständlich sind. Und wo der Mensch keine Ressource ist, sondern ein Möglichkeitswesen mit schier grenzenlosen Potenzialen.

Unternehmen, die sich jetzt auf den Weg machen, haben beste Chancen, diese Zukunft zu prägen. Indem sie Strukturen und Prozesse konsequent auf den Kunden ausrichten. Indem sie Entscheidungsgewalt dorthin verlagern, wo das Wissen am größten ist. Und indem sie eine Kultur gestalten, die kollektive Intelligenz mobilisiert – menschliche wie künstliche.

Der Weg dahin beginnt im Kleinen. Mit Experimentierräumen und Lerngemeinschaften, die Mitarbeiter inspirieren und vernetzen. Mit Use Cases, die zeigen, was KI konkret für den Alltag bedeutet. Und mit einer Vision, die Lust auf Veränderung macht, indem sie den Purpose des Unternehmens mit individueller Sinnsuche verbindet.

So entsteht, peu à peu, eine Kultur der Neugier und Zuversicht. Eine Kultur, die Unsicherheit nicht scheut, sondern als Chance begreift. Und die Menschen ermutigt, sich mit ihren Begabungen einzubringen – im Wissen, dass Vielfalt ein Innovationsmotor ist. Erst dann kann aus Enterprise AI das werden, was sie im Kern ist: Eine zutiefst menschliche Technologie im Dienst des Fortschritts.

Natürlich lauern auf diesem Weg auch Fallstricke. Überzogene Erwartungen, enttäuschte Hoffnungen, Reibungsverluste – der Change fordert Durchhaltevermögen und einen langen Atem. Doch wer dranbleibt, wird belohnt. Mit Mitarbeitern, die KI nicht als Bedrohung sehen, sondern als Partner für sinnstiftende, erfüllende Arbeit. Und mit Organisationen, die lernen, sich neu zu erfinden – immer wieder, in atemberaubender Geschwindigkeit.

Das mag nach Zukunftsmusik klingen. Aber die Reise hat längst begonnen. Schon heute loten Pioniere aus, wie sich menschliche und künstliche Intelligenz optimal verbinden lassen. Wie Räume für Kreativität und Selbstentfaltung entstehen, weil Routinen an Maschinen delegiert werden. Und wie KI dem Gemeinwohl dienen kann, indem sie hilft, wirtschaftliche und gesellschaftliche Herausforderungen zu meistern.

Diese Reise mitzugestalten ist Chance und Verantwortung zugleich. Es fordert Weitblick und Menschenverstand, Technologie- und Sozial-Kompetenz. Vor allem aber den Mut, neue Wege zu gehen. Wege, auf denen nicht Maschinen das Sagen haben, sondern Werte, Würde, Gemeinschaft. In diesem Sinne ist Change Management Richtung KI eine zutiefst humanistische Disziplin. Eine, die unsere Zukunft als Menschen prägen wird.

Die wesentlichen Lerninhalte sind hier nochmals zusammengefasst:

- *Die Einführung von KI hängt entscheidend davon ab, Ängste und Vorbehalte der Mitarbeiter abzubauen und sie aktiv in den Transformationsprozess einzubinden.*
- *Offenheit, Experimentierfreude und eine lernende Organisation sind Grundvoraussetzungen, um KI in den Unternehmensalltag zu integrieren.*
- *Das Management muss Begeisterung für KI vorleben, als Unterstützer agieren und die Veränderung aktiv vorantreiben.*
- *Zielgerichtete Schulungen, Microlearning und Training-on-the-Job fördern die Kompetenzentwicklung und Akzeptanz von KI.*
- *Regelmäßige Updates, Feedbackschleifen und praxisnahe Anwendungsszenarien sind entscheidend, um die Akzeptanz von KI zu stärken und Widerstände abzubauen.*

6.6 Messung und Operationalisierung des KI Einsatzes

Wir nähern uns dem Ende unserer Reise durch die facettenreiche Welt des Enterprise AI. Eine Reise, die uns von strategischen Überlegungen über technische und organisationale Grundlagen bis zu den kulturellen Aspekten einer KI-Transformation geführt hat. Der rote Faden dabei: KI

6.6 Messung und Operationalisierung des KI Einsatzes

ist kein Selbstzweck, sondern muss messbar Wert stiften – für Kunden, für Mitarbeiter, für das Unternehmen als Ganzes.

Doch genau hier liegt die Krux. Denn die Wertbeiträge von KI sind oft subtil, indirekt, schwer greifbar. Wie beziffert man die Effekte einer personalisierten Kundenansprache? Was ist der ROI eines KI-gestützten Produktdesigns? Und woran misst man den Erfolg von Predictive Maintenance? Klassische betriebswirtschaftliche Kennzahlen wie Umsatz oder Gewinn greifen hier oft zu kurz.

Hinzu kommt: KI-Projekte sind komplex, stark hypothesengetrieben, mit hohem Lernanteil. Ähnlich wie in der Forschung ist das Ergebnis anfangs ungewiss, Umwege und Fehlschläge sind an der Tagesordnung. Umso schwieriger ist es, ex ante den Business Case zu bestimmen und Zielmarken zu definieren. Zumal sich Aufwände und Nutzen oft sehr asymmetrisch verteilen.

> Dennoch führt kein Weg daran vorbei: Unternehmen, die nachhaltig von KI profitieren wollen, brauchen ein systematisches Erfolgscontrolling. Sie müssen definieren, was die Technologie in ihrem spezifischen Kontext leisten soll und an welchen Kriterien sich das festmacht. Und sie brauchen pragmatische Ansätze, um diese Ziele zu operationalisieren, zu messen und zu steuern. Nur so lässt sich aus Experimentierfreude echte Wertschöpfung machen.

Aber wie gelingt das? Eine bewährte Methode ist das Arbeiten mit Wirkungshypothesen und Key Performance Indicators (KPIs). Am Anfang steht dabei die Frage: Welche konkreten Verbesserungen erwarten wir uns von einer KI-Lösung? Geht es um Effizienzsteigerung, um Qualitätsverbesserung, um Innovationskraft? Und in welchen Unternehmens- oder Geschäftsprozessen soll sich das niederschlagen?

> Nehmen wir ein **Beispiel**. Angenommen, ein **Energieversorger** will KI einsetzen, um Störungen in seinem Leitungsnetz zu reduzieren. Eine mögliche Wirkungshypothese wäre: "Durch die predictive Analyse von Sensordaten und die gezielte Steuerung von Wartungsmaßnahmen senken wir Netzausfälle um 30 Prozent und steigern die Kundenzufriedenheit signifikant."

Um diese Hypothese zu validieren, braucht es passende Messgrößen. Naheliegende KPIs wären hier etwa die Anzahl der Störungen pro Jahr, die durchschnittliche Ausfalldauer oder ein Kundenzufriedenheitsindex, der via Umfrage erhoben wird. Doch auch weichere Faktoren wie die Arbeitszufriedenheit der Instandhaltungsteams oder die Flexibilität der Wartungsplanung könnten aufschlussreich sein.

Entscheidend ist, dass diese Indikatoren nicht nur akademisch definiert, sondern aktiv gemanagt werden. In agilen Projekten hat sich hier ein inkrementell-iteratives Vorgehen bewährt: KPIs werden fortlaufend gemessen, in kurzen Zyklen ausgewertet und zur Optimierung der KI-Systeme genutzt. Gibt es Abweichungen von der Zielmarke, gilt es die Ursachen zu analysieren und gegenzusteuern.

Dabei kristallisieren sich oft weitere, verfeinerte Messgrößen heraus. In unserem Beispiel könnte sich etwa zeigen, dass die schiere Anzahl der Störungen wenig aussagt – wohl aber die Trefferquote, mit der das KI-System Ausfälle vorhersagt. Oder dass die Kundenzufriedenheit stark davon abhängt, wie proaktiv und transparent über Wartungsarbeiten informiert wird.

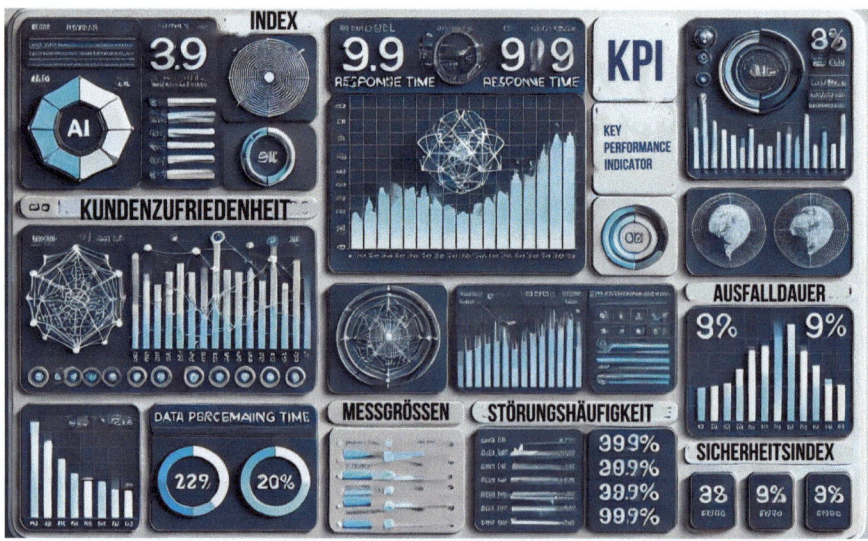

Abb. 27: KPI-Dashboard zur Nutzung von KI

Für den Projekterfolg ist dieses "Lernen am lebenden Objekt" entscheidend. Denn es ermöglicht, die Erwartungen an KI-Lösungen immer wieder mit der Realität abzugleichen und anzupassen. Gleichzeitig schafft es Verbindlichkeit und Fokus auf das große Ganze: Wertschöpfung statt bloßer Technikverliebtheit. Das wiederum hilft, Stakeholder bei der Stange zu halten und Budgets zu sichern.

Natürlich verlangt ein solches **KPI-Framework** einigen Aufwand. Prozesse und IT-Systeme müssen ertüchtigt werden, um die nötigen Daten zuverlässig zu erfassen und aufzubereiten. Dashboards und Cockpits sind gefragt, um die Fortschritte auf einen Blick sichtbar zu machen. Und es braucht Governance-Strukturen, die klar regeln, wer die Kennzahlen in welchem Rhythmus reviewed und daraus Handlungsimpulse ableitet.

Wer hier ansetzt, schafft nicht nur Transparenz und Sicherheit. Sondern prägt zugleich eine neue, hypothesenbasierte Arbeitskultur, die fürs Machine-Learning-Zeitalter wie gemacht ist. Eine Kultur, in der sich Teams selbst ehrgeizige Ziele setzen, kurzzyklisch Erfahrungen sammeln und ihre Modelle kontinuierlich verfeinern. Und in der nicht Perfektion zählt, sondern stetige Verbesserung im Dienst des Kunden.

Allerdings: KPIs und Experimente adressieren zunächst nur einzelne Anwendungsfälle und Teams. Um KI in der Breite zu verankern, braucht es ergänzend einen strategischen Blick auf das große Ganze. Wie hängen die Use Cases zusammen, wo gibt es Synergien? Welche übergreifenden Fähigkeiten müssen aufgebaut werden? Und vor allem: Wie lassen sich die Einzeleffekte orchestrieren, um echte "Enterprise Intelligent" zu schaffen?

Für diese Herausforderung empfiehlt sich das Denken in Capability- oder Reifegradmodellen. Deren Grundidee: Die ganzheitliche KI-Kompetenz eines Unternehmens hängt von mehreren Dimensionen ab – von der technologischen Exzellenz über Analytics-Know-how bis hin zur Innovationskultur. Jede dieser Dimensionen durchläuft typische Entwicklungsstufen, die sich anhand klarer Reifekriterien beschreiben lassen.

So entsteht eine Art Landkarte, die Unternehmen hilft, ihre KI-Fähigkeiten systematisch einzuschätzen und zielgerichtet weiterzuentwickeln.

Ein **Beispiel**: In der Dimension "Data Governance" könnte Stufe 1 lauten "Ad-hoc-Prozesse, fragmentierte Datenhaltung". Stufe 3 wäre dann "Definierter Datenlebenszyklus, zentrale Governance-Strukturen". Und Stufe 5 "Automatisierte, selbstoptimierende Datenpipelines und -ökosysteme".

Mithilfe einer solchen Reifegradlogik lassen sich gezielt Lücken identifizieren, Entwicklungspfade ableiten und Investitionen priorisieren. Gleichzeitig wird sichtbar, wo man im Branchenvergleich steht und was die nächsten Evolutionsschritte sein könnten. Das schafft Orientierung und Dynamik zugleich – auch und gerade auf dem oft noch nebulösen Feld Enterprise AI.

Für maximale Wirkung sollten beide Perspektiven – KPIs und Reifegradmodelle – ineinandergreifen und sich wechselseitig befruchten. Die strategische Capability-Sicht gibt den Rahmen vor, in dem operative Initiativen ihre Ziele und Metriken definieren. Und die Erfahrungen und Erfolge aus den Use Cases zeigen umgekehrt, wie sich die KI-Gesamtkompetenz Schritt für Schritt erhöhen lässt.

Was einfach klingt, ist in der Praxis eine komplexe Steuerungsaufgabe. Sie erfordert integriertes Denken und ein sicheres Gespür für die Orchestrierung vieler beweglicher Teile. Bislang tun sich gerade traditionelle Unternehmen damit oft noch schwer. KI-Initiativen verstolpern im Wirrwarr konkurrierender Prioritäten, Doppelarbeiten und Reibungsverluste sind an der Tagesordnung.

Umso wichtiger, dass die oberste Führungsebene KI-Wertschöpfung zur Chefsache macht. Die Ansage muss lauten: Wir managen das Thema konsequent entlang messbarer Business Outcomes und entwickeln unsere Fähigkeiten kontinuierlich weiter. Dafür braucht es ein schlagkräftiges Steuerungsteam, das die Aktivitäten koordiniert, Synergien hebelt und zielgerichtet skaliert.

Zu den wichtigsten Instrumenten dieses KI-Steuerungskreises zählen:

- Eine klare Governance mit definierten Rollen und Entscheidungsstrukturen – von der Priorisierung der Use Cases über die Methodenhoheit bis zur Ressourcenallokation
- Standardisierte Vorgehensmodelle und Werkzeuge für die Entwicklung und Messung von KI-Lösungen – etwa Templates für Wirkungshypothesen, KPI-Cockpits oder Best-Practice-Sharing
- Übergreifende Enabler wie Datenkataloge, wiederverwendbare Algorithmen oder Self-Service-Analytics-Plattformen, die Citizen Data Scientists in die Lage versetzen, eigenständig KI-Anwendungen zu kreieren
- Systematisches Wissens- und Talentmanagement, das die Fähigkeiten kontinuierlich weiterentwickelt – von internen Skillbuilding-Programmen über externe Zertifizierungen bis zu Co-Innovation-Projekten mit Start-up, Forschung und Pionieren

6.6 Messung und Operationalisierung des KI Einsatzes

- Schließlich eine offene Fehler- und Lernkultur, die Experimente zelebriert, aus Rückschlägen lernt und schnelle Iterationen als Weg zum Erfolg versteht – immer getrieben von messbarem Kundennutzen

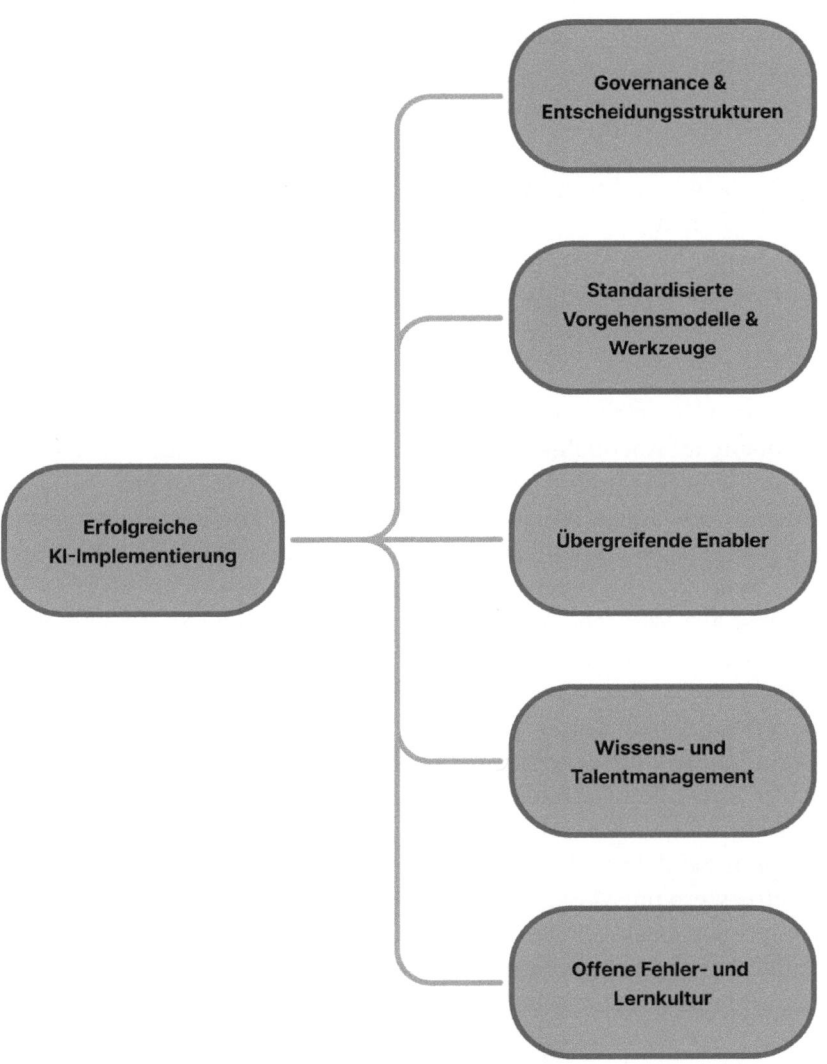

Abb. 28: Bausteine eines erfolgreichen KI-Steuerungskreises

Diese Bausteine ineinandergreifen zu lassen, ist alles andere als trivial. Es braucht Geduld, Beharrungsvermögen und vor allem die Bereitschaft zur Veränderung. Denn bei Enterprise AI geht es nicht um die bloße Einführung von Technologie. Sondern um nicht weniger als die Neuerfindung der Organisation – mit Daten und Algorithmen als Fundament für Agilität, Lernfähigkeit, Wertschöpfung.

> Der Weg dahin ist lang und steinig. Doch er lohnt sich. Denn was am Ende winkt, ist mehr als nur betriebswirtschaftliche Exzellenz. Es ist vielmehr die Vision einer Wirtschaft im Einklang mit Mensch und Natur. Einer Wirtschaft, die Wachstum ganzheitlich denkt – an Lebensqualität, an Teilhabe, an Sinnhaftigkeit. Angetrieben von KI im Dienst des Gemeinwohls.

Erste Konturen zeichnen sich bereits ab: Unternehmen, die ihre Prozesse konsequent auf Nachhaltigkeit trimmen. Die natürliche Ressourcen bewirtschaften wie ein guter Haushalter. Und die den Menschen mit seiner Kreativität und Empathie zum Maß aller Dinge machen. Freigesetzt und befähigt von Algorithmen, die Komplexität meistern, ohne zu trivialisieren.

Kein Selbstläufer, gewiss. Aber auch mehr als bloße Utopie. Vielmehr eine Blaupause für Wertschöpfung, die ökonomische, ökologische und soziale Ziele versöhnt. Weil sie Technologie nicht als Selbstzweck versteht, sondern als Werkzeug zur Lösung drängender Menschheitsherausforderungen. Für Fortschritt, der dem Leben dient.

Unternehmen, die sich jetzt aufmachen, diese Blaupause in die Tat umzusetzen, erwerben wertvolle Gestaltungsmacht. Gerade weil der Weg herausfordernd ist, bieten sich hier enorme Chancen zur Differenzierung. Mit messbaren Erfolgen, sichtbaren Leuchtturmprojekten, inspirierten Teams. Im Wettbewerb um Märkte, Mitarbeiter, Sinnstiftung.

Längst geht es nicht mehr nur um Effizienzgewinne oder neue Geschäftsmodelle. Auf dem Spiel steht nicht weniger als die Zukunftsfähigkeit ganzer Organisationen und Branchen. Denn in einer Welt im Umbruch entscheidet sich jetzt, wer Standards setzt, wer Regeln schreibt. Wer also die Transformation prägt – und wer von ihr getrieben wird.

KI ist in dieser Gleichung der Differenzmacher. Richtig orchestriert, etabliert sie eine neue Intelligenz des Wirtschaftens. Eine, die in Echtzeit lernt, sich anpasst, Wert schöpft. Und so Unternehmen zum Architekten

6.6 Messung und Operationalisierung des KI Einsatzes

einer lebenswerten Zukunft macht. Dafür braucht es Weitsicht und Verantwortung. Den Willen, zu gestalten, statt nur zu reagieren. Und Exzellenz in der Operationalisierung – Schritt für Schritt, Kennzahl für Kennzahl.

Es ist eine historische Chance – im Kleinen für jede Organisation, im Großen für Wirtschaft und Gesellschaft. Sie zu nutzen verlangt jede Menge Pioniergeist. Doch wer mutig und besonnen voranschreitet, wird Früchte ernten, die weit über ökonomisches Kalkül hinausgehen. In diesem Sinne ist die Messung und Steuerung von KI-Wertbeiträgen mehr als betriebswirtschaftliche Pflicht. Sie wird zum Kulturprojekt, das unsere Arbeitswelten humanisiert.

Wow, was für eine spannende und erkenntnisreiche Reise durch die Welt der KI-Wertschöpfung! Wir hoffen, Sie konnten viele wertvolle Impulse und Denkanstöße für dich mitnehmen – und vor allem die Überzeugung, dass Unternehmen eine Schlüsselrolle zukommt, wenn es darum geht, das Potenzial von Künstlicher Intelligenz für eine bessere Zukunft zu heben.

Natürlich ist das alles kein Selbstläufer und schon gar keine Raketenwissenschaft. Es erfordert harte Arbeit, Geduld und die Bereitschaft, immer wieder neu zu denken und auszuprobieren. Aber es lohnt sich! Denn wer jetzt die Weichen stellt, wer Exzellenz in der KI-Operationalisierung mit Weitsicht und Verantwortungsbewusstsein verknüpft, der gewinnt ein unschätzbares Asset: Den Vorsprung des Gestalters in einem algorithmischen Zeitalter, das vor allem eines verlangt – Orientierung am Gemeinwohl.

Also brich mutig auf, definiere Wirkungshypothesen, leite KPIs und Fähigkeitsprofile ab! Experimentiere, lerne, iteriere – und bleib neugierig bis über den Horizont hinaus! Aber verlier nie den Kompass: Nutze Technologie, um deinen Kunden, deinen Mitarbeitenden, der Gesellschaft zu dienen. Mit Produkten, die begeistern. Mit Abläufen, die inspirieren. Und mit Innovationen, die unser aller Lebensqualität erhöhen.

Dann, da sind wir sicher, wird Enterprise AI zu dem, was sie im Kern ist: Ein Werkzeug für eine Ökonomie mit menschlichem Antlitz. Eine Ökonomie der Teilhabe, der Achtsamkeit, der Nachhaltigkeit. Und damit ein Treiber für eine Zukunft, in der Fortschritt und Gerechtigkeit zusammenfinden. In der Wirtschaft dem Leben dient – und nicht umgekehrt.

Um dahin zu kommen, braucht es Idealisten mit Macherqualitäten. Verantwortungsträger, die nicht nur in Quartalszahlen denken, sondern in Generationen. Und Organisationen, die verstanden haben, dass Werte mehr sind als schöne Worte. Sondern der unverrückbare Grund, auf dem Wertschöpfung gedeiht.

Lass uns gemeinsam daran arbeiten, diese Vision Wirklichkeit werden zu lassen! Mit dem Knowhow und der Kraft deines Unternehmens. Mit dem Ideenreichtum und dem Engagement deiner Teams. Und vor allem mit dem festen Glauben an die Gestaltbarkeit der Dinge. Denn schon Aristoteles wusste: "Wir können den Wind nicht ändern, aber die Segel anders setzen."

In diesem Sinne wünschen wir Ihnen eine inspirierende Reise zu neuen Ufern des Wirtschaftens – mit KI als Navigator, mit starken Werten als Anker. Und dem Mut, auch stürmische See zu durchqueren. Denn es ist wie mit dem Segeln: Nur wer sich hinauswagt, entdeckt neue Welten. Lass es uns angehen – Schritt für Schritt, Kennzahl für Kennzahl! Auf in eine smarte, menschliche Zukunft!

Die wesentlichen Lerninhalte sind hier nochmals zusammengefasst:

- *Unternehmen müssen klar definieren, welche konkreten Verbesserungen durch KI erwartet werden, und diese mithilfe von Wirkungshypothesen und Key Performance Indicators (KPIs) messen.*
- *Die Verknüpfung strategischer Zielsetzungen mit operativen Metriken ermöglicht es, KI-Initiativen gezielt zu steuern und die Gesamtkompetenz in der Organisation systematisch auszubauen.*
- *Eine klare Steuerung durch definierte Rollen, Entscheidungsstrukturen und standardisierte Werkzeuge fördert die Skalierung und den langfristigen Erfolg von KI-Lösungen.*

Schlussbemerkung

Wenn Sie dieses Buch bis zu diesem Punkt gelesen oder zumindest durchgestöbert haben, dann ist es wahrscheinlich sehr nachvollziehbar, dass Ihnen bewusst ist, vor welcher Revolution wir stehen. Wenn wir nur fünf Jahre in die Zukunft denken, wird in Unternehmen nichts mehr so sein wie heute. Genau jetzt, in dem Moment, in dem Sie dieses Buch in den Händen halten.

Um Ihnen bewusst zu machen, wie einschneidend der Einsatz von KI im Business sein wird, nehmen wir dieses Buch als Beispiel. Wir als Autoren haben in den letzten Jahren bereits mehr als ein Dutzend Bücher veröffentlicht. Ein Buch zu schreiben ist normalerweise ein Prozess, der, wenn es schnell geht, Monate dauert, meist jedoch Jahre. Von der ersten Idee bis zur finalen Abgabe dieses Buchs sind nur wenige Wochen vergangen. Und das ist noch ein relativ langer Prozess. Je nachdem, wie hoch man den Anspruch an das eigene Zutun bei einem Buch sieht, könnte man mit KI ein Buch auch an einem einzigen Tag schreiben – beziehungsweise schreiben lassen.

Bleiben wir beim Beispiel der Erstellung eines Buchs. Auch die Arbeiten, die nach der Abgabe eines Buchs beim Verlag anfallen, könnten künftig nur noch wenige Tage in Anspruch nehmen. Stellen Sie sich vor, Sie geben das Buch digital über eine Schnittstelle beim Verlag ab – und dann übernimmt die KI: Lektorat, Coverdesign nach den Vorgaben des Verlags, Anlage in den entsprechenden Systemen, Beantragung der ISBN-Nummer und Vermarktung des Buchs könnten heute schon ohne weiteres menschliches Zutun von einer entsprechenden KI erledigt werden.

Denken Sie weiter: Letztlich könnte der gesamte Prozess der Bucherstellung – von der Buchidee über die Erstellung der Gliederung, das Schreiben der Texte bis hin zur Veröffentlichung – komplett von einer KI übernommen werden. Das wirkt schon beängstigend, wenn man sich das vorstellt. Wir führen dieses Beispiel an, weil es anhand des Buchs, das Sie gerade in den Händen halten, sehr deutlich macht, wie KI alles im Business verändern wird.

In diesem Sinne wollen wir an dieser Stelle mit einem Appell enden: Warten Sie nicht, bis KI Ihr Leben so verändert, dass es für Sie vielleicht nicht mehr von Vorteil ist. Der Einsatz von Künstlicher Intelligenz ist nicht mehr aufzuhalten. Die einzige Chance, die Sie haben, ist, sich aktiv mit dem Thema auseinanderzusetzen. Warten Sie nicht, denn die KI schläft nicht und wartet nicht. Warten ist in diesem Fall der sicherste Weg, sich selbst überflüssig zu machen.

Literatur und Quellen

Wissenschaftliche Publikationen und Fachbücher

Russell, S., & Norvig, P. (2021): Artificial Intelligence: A Modern Approach (4th ed.). Pearson. Verfügbar unter: Pearson

Goodfellow, I., Bengio, Y., & Courville, A. (2016): Deep Learning. MIT Press. Verfügbar unter: MIT Press

Zhang, A., Lipton, Z. C., Li, M., & Smola, A. J. (2021): Dive into Deep Learning. Verfügbar unter: Dive into Deep Learning

Agrawal, A., Gans, J., & Goldfarb, A. (2018): Prediction Machines: The Simple Economics of Artificial Intelligence. Harvard Business Review Press. Verfügbar unter: Prediction Machines

Technische Dokumentationen und White Papers

Google AI. (2021): AI and machine learning products. Verfügbar unter: Google AI
Microsoft (2021): AI technologies and products. Verfügbar unter: Microsoft AI
IBM (2021): AI products and solutions. Verfügbar unter: IBM AI
OpenAI (2021): OpenAI API Documentation. Verfügbar unter: OpenAI Docs

KI-Anwendungsbeispiele und Case Studies

Capgemini Research Institute (2018): Turning AI into concrete value: The successful implementers' toolkit. Verfügbar unter: Capgemini

McKinsey Global Institute (2018): Notes from the AI frontier: Insights from hundreds of use cases. Verfügbar unter: McKinsey

PwC (2020): Künstliche Intelligenz in Unternehmen. Verfügbar unter: PwC Deutschland

IBM Watson besiegt Jeopardy!-Champions (2011): Verfügbar unter: IBM
DeepMind's AlphaGo besiegt Lee Sedol (2016): Verfügbar unter: DeepMind
OpenAI GPT-3 Veröffentlichung (2020): Verfügbar unter: OpenAI
DALL-E 2 und Stable Diffusion (2022): Verfügbar unter: DALL-E 2, Stable Diffusion

Strategiepapiere und Trendanalysen

European Commission (2021): A European approach to artificial intelligence. Verfügbar unter: European Commission

OECD.AI. (2021): OECD AI Principles overview. Verfügbar unter: OECD AI Principles

World Economic Forum (2020): The Future of Jobs Report 2020. Verfügbar unter: World Economic Forum

Deloitte (2020): Thriving in the era of pervasive AI. Verfügbar unter: Deloitte

Inspirationen aus Fachmedien und Social Media

MIT Technology Review (2021): Artificial Intelligence. Verfügbar unter: MIT Technology Review

Wired (2021): Artificial Intelligence. Verfügbar unter: Wired

AI Alignment Newsletter (2021): Archives. Verfügbar unter: Alignment Newsletter Archives

KDnuggets (2021): Machine Learning, Data Science, Big Data, Analytics, AI. Verfügbar unter: Kdnuggets

Strategien und Berichte aus Unternehmen

PwC Deutschland: Investitionen in den Ausbau von KI-Fähigkeiten (2023): Verfügbar unter: PwC Deutschland

PwC Global Risk Survey (2023): Verfügbar unter: PwC Deutschland

Strategy&-Studie: "Generative KI kann BIP um bis zu 220 Mrd. € heben" (2023): Verfügbar unter: Strategy&

PwC-Studie: "Künstliche Intelligenz im Accounting auf dem Vormarsch" (2023): Verfügbar unter: PwC Deutschland

PwC Schweiz: Investition in den Ausbau von KI-Fähigkeiten (2023): Verfügbar unter: PwC Schweiz

Strategy&-Studie: "Asset Manager sparen bis zu 1,9 Mrd. € durch KI" (2023): Verfügbar unter: Strategy&

Register

Arbeitsprozesse 14
Automatisierung 69

Cambrian Explosion 37
Compliance 156
Corporate Digital Responsibility 20

Datenmanagement 155
Datenschutz 131
Datensicherheit 131
Deep Learning 39

Effizienzsteigerung 69
Entscheidungsbäume 40
Entscheidungsprozesse 103
Ethik 19

Geschäftsmodelle 11

Haftung 18

Industrie 4.0 71
Integration 146

KPI-Framework 169
Kundenorientierung 107
Künstliche neuronale Netze 40

Machine Learning 39
Marktchancen 73

Operationalisierung 166

Personalisierung 62
Personalstrategien 153
Prozesseffizienz 89
Prozessinnovation 89
Prozessneugestaltung 113
Prozessoptimierung 89

Random Forests 40
Rechenschaftspflicht 18
Regulierungsdruck 135
Reinforcement Learning 42

Supervised Learning 41
Support Vector Machines 41

Transparenz 19

Unsupervised Learning 41

Verantwortung 18

Wertschöpfungskette 85

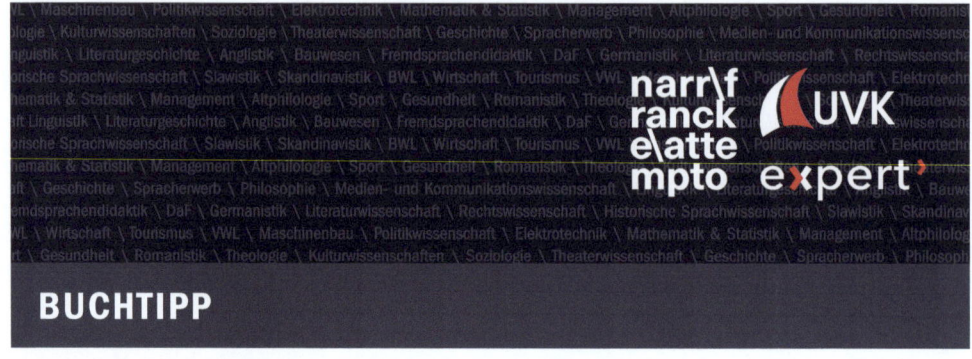

BUCHTIPP

Thomas Kessel, Alexander Brandt, Jonas Offtermatt, Friedrich Augenstein, Claus-Peter Praeg

ChatGPT und Large Language Models? Frag doch einfach!

Klare Antworten aus erster Hand

1. Auflage 2025, ca. 180 Seiten
€[D] 19,90
ISBN 978-3-8252-6276-1
eISBN 978-3-8385-6276-6

Die utb-Reihe „Frag doch einfach" beantwortet Fragen, die sich nicht nur Studierende stellen. Im Frage-Antwort-Stil geben Expert:innen kundig Auskunft und verraten alles Wissenswerte rund um ein Thema.

In diesem Band werden unter anderem Antworten auf diese Fragen zu lesen sein: Was sind eigentlich die Grundlagen einer generativen Künstlichen Intelligenz? Und wo liegen deren Stärken und Schwächen? Was versteht man unter Prompt Engineering? Was sind typische Anwendungsfelder von ChatGPT und Large Language Models? Gibt es inzwischen Regulierungen rund um ChatGPT? Welche Auswirkungen wird die Anwendung mit sich bringen?

Narr Francke Attempto Verlag GmbH + Co. KG
Dischingerweg 5 \ 72070 Tübingen \ Germany \ Tel. +49 (0)7071 97 97 0 \ info@narr.de \ www.narr.de

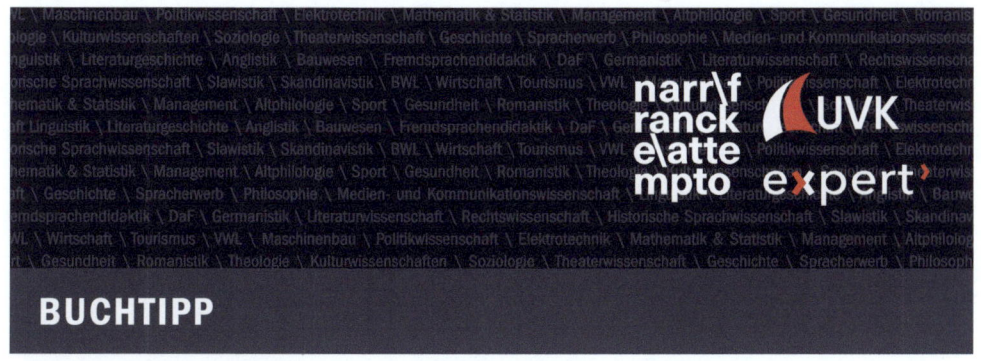

BUCHTIPP

Bertram Melzig-Thiel

Leadership? Frag doch einfach!

Klare Antworten aus erster Hand

1. Auflage 2024, 170 Seiten
€[D] 19,90
ISBN 978-3-8252-6169-6
eISBN 978-3-8385-6169-1

In diesem Band werden unter anderem Antworten auf diese Fragen zu lesen sein: Wie wirkt sich gutes Leadership auf die Organisation aus? Ist Leadership wirklich ein Erfolgsfaktor? Was zeichnet gute Führungskräfte aus? Welche Verhaltensweisen sollten sie vermeiden? Ist Leadership erlernbar? Das Buch richtet sich neben Studierenden auch an Leser:innen, die sich mit aktuellen Führungsfragen intensiver befassen.

Die utb-Reihe „Frag doch einfach" beantwortet Fragen, die sich nicht nur Studierende stellen. Im Frage-Antwort-Stil geben Expert:innen kundig Auskunft und verraten alles Wissenswerte rund um ein Thema.

Narr Francke Attempto Verlag GmbH + Co. KG
Dischingerweg 5 \ 72070 Tübingen \ Germany \ Tel. +49 (0)7071 97 97 0 \ info@narr.de \ www.narr.de

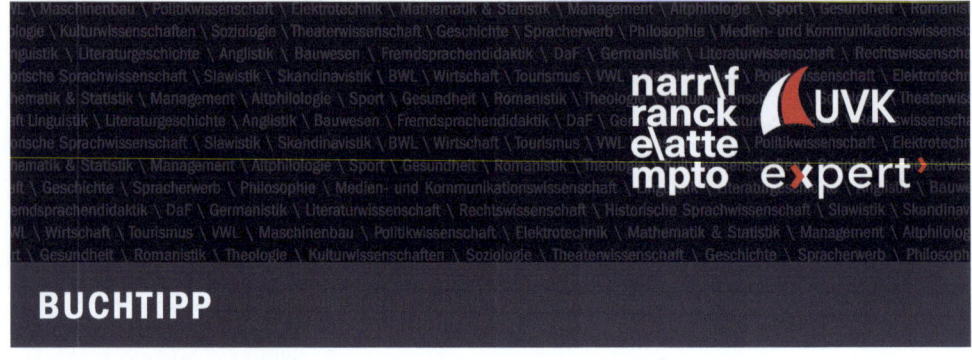

BUCHTIPP

Roman Simschek, Arie van Bennekum

Agilität? Frag doch einfach!

Klare Antworten aus erster Hand

3., überarbeitete und erweiterte Auflage 2023, 197 Seiten
€[D] 19,90
ISBN 978-3-8252-6055-2
eISBN 978-3-8385-6055-7

Die utb-Reihe „Frag doch einfach!" beantwortet Fragen, die sich nicht nur Studierende stellen. Im Frage-Antwort-Stil geben Expert:innen kundig Auskunft und verraten alles Wissenswerte rund um ein Thema.

In diesem Band werden unter anderem Antworten auf diese Fragen zu lesen sein: Was ist das Agile Manifest? Wie kann man Agilität umsetzen? Wie kann man Design Thinking als Innovationsmethode anwenden? Für welche Projekte ist Scrum geeignet? Wie steht Lean im Zusammenhang mit Agilität?

Die wichtigsten Fachbegriffe werden zudem prägnant vorgestellt und es wird verraten, welche Websites, YouTube-Videos und Bücher das Wissen dieses Bandes vertiefen können.

Narr Francke Attempto Verlag GmbH + Co. KG
Dischingerweg 5 \ 72070 Tübingen \ Germany \ Tel. +49 (0)7071 97 97 0 \ info@narr.de \ www.narr.de